서문문고
33

은자의 황혼

페스탈로치 지음
김 정 환 옮김

Die Abendstunde Eines Einsiedlers

von

Heinrich Pestalozzi

© ROTAPFEL-VERLAG, ERLENBACH, ZÜRICH

차 례

은자의 황혼

1 은자의 황혼

하느님의 어버이 마음
인간의 자녀 마음
군주의 어버이 마음
백성의 자녀 마음
이것이 모든 성스러운
복의 근원이다.

인간은 옥좌 위에 앉아 있으나 초가의 그늘에 누워
있으나 본바탕으로는 평등하다. 인간의 본성이란 도대
체 무엇일까? 왜 성현(聖賢)은 이를 말해 주지 않는가.
왜 철인(哲人)은 인간이 무엇인가를 말하려 들지 않는
가. 소를 모는 농부도 소에 대하여는 잘 알지 않는가.
목자도 양의 성품을 연구하지 않는가.

그대들 사람을 다스리며, 사람을 보호하고 기른다고
자임(自任)하는 자들이여! 그대들은 과연 농부가 소에
대하여 바치는 정도의 수고를 하고 있는가. 목자가 양
에 대하여 바치는 정도의 정성을 들이고 있는가. 그대

들이 가지고 있는 지식은 민중에 대한 지식인가. 그대
들의 사랑은 과연 백성을 총명하게 다스리는 데 필요한
목자와 같은 사랑인가?

인간이란 무엇인가. 인간에게는 무엇이 필요한가. 무
엇이 인간을 고상하게 만들고, 무엇이 인간을 더럽히는
가. 무엇이 인간을 굳세게 하고, 무엇이 인간을 허약하
게 만드는가. 백성을 기르는 목자는 반드시 이러한 일
들을 알아야 한다. 또 아주 누추한 오두막집에 사는 사
람들도 이러한 일들을 알아야 한다.

모든 곳에서 인류는 이러한 일들을 알아야 할 필요성
을 느끼고 있다. 인류는 모든 곳에서 애쓰고 일하고 힘
쓰면서 향상하려고 하고 있으니 말이다. 그러나 인류는
몇 대에 걸쳐 구했으나 이러한 일들을 깨치지 못했기에
헛되이 죽어갔다. 그렇기에 우리들의 생애는 만족스러
운 것이 되지 못했다고 임종의 마당에서 크게 외친 사
람들이 많았던 것이다. 따라서 이들의 죽음은 가을철에
뭇 과일들이 자기네의 사명을 다한 후에, 겨울의 아늑
한 보금자리를 찾아 대지 위에 떨어지는 무르익음과 같
게는 되지 못했던 것이다.

왜 인간은 질서도 없고 궁극적인 목적도 없이 진리를

연구하고 있는 것일까. 왜 인간은 자기의 본성의 욕구를 따르지 않는가. 인간은 이 본성의 욕구 위에 즐거움과 성스러운 복을 누려야 하지 않았던가. 왜 인간은 즐거움을 낳게 하는 이러한 진리를 탐구하지 않았던가. 진리는 마음속 깊은 곳에 인간을 충족시켜 주며, 인간이 지닌 여러 능력을 발전시켜 주며, 하루하루를 즐겁게 하여 주며, 세세 연년을 복되게 하여 주는 것이다.

인간은 자신에게 필요하기 때문에 이 진리로 이끄는 길을 자신의 본성의 가장 깊은 곳에서 발견한다.

흡족하고 배부르게 젖을 먹은 아이는 이 길을 통하여 어머니가 자기에게 얼마나 소중한 존재인가를 알게 된다. 어머니는 어린이의 마음속에 감사의 본질인 사랑의 마음을 길러 준다. 아버지가 구워 주는 빵을 먹으면서 아버지와 나란히 난롯불을 쬐는 아들은, 의무니 감사니 하는 낱말의 뜻을 알기도 전에 이러한 자연스러운 길을 따라 아들로서의 의무를 다함으로써 인생의 복락을 누리게 된다.

인간이여! 이 자연의 질서 안에서 진리를 찾아내라. 그러면 그대는 어떠한 처지, 어떠한 행로에서도 바랐던

이 진리를 찾아낼 것이다.

인간이여! 그대는 안식과 평화를 얻기 위하여 이 진리를 필요로 한다. 또 이 진리는 도성(導星)처럼 그대 주변의 일들을 잘 처리하여 주는 지침이 될 것이며, 그대의 생활의 발판이 될 것이며, 그대에게 성스러운 복을 안겨다 줄 것이다.[1]

그대는 이 인생살이에서 그 많은 진리를 다 필요로 하는 것은 아니다. 인간이 그 처지에 알맞는 복을 누리는 데 필요한 지식의 범위는 좁다. 이 범위는 그의 주위나 그의 생활에서, 그리고 그에게 가장 가까운 관계에서부터 출발하여 확대되어 가는 것이다. 그러므로 지식은 범위가 제아무리 확대될지라도, 진리가 축복하는 온갖 힘을 가져오는 이 중심점을 놓쳐서는 안 된다.

순수한 진리 감각은 좁은 범위에서 도야된다. 그리고 순수한 인간의 지혜는 자기와 가장 가까운 관계에 있는 것에 대한 지식, 자기에게 가장 절실한 일들을 능숙하게 처리하는 능력의 확고한 기초 위에 서 있다.

이런 인간의 지혜는 환경의 요구에서 나타나서 활동

력을 길러 준다. 그러므로 이러한 지혜가 낳는 정신은 일반적으로 단순하면서도 뚜렷한 전망을 갖는다. 이러한 지혜는 현실적인 문제와 굳세게 관계를 맺고 있는 사물의 자연스러운 힘 전체에서 생긴다. 그러므로 이러한 지혜는 어느 면의 진리로도 응용될 수 있다.

이 진리는 힘을 낳고 감정을 길러 주며 굳센 응용력을 갖추게 해준다.

숭고한 자연의 길이여! 그대는 진리로 하여금 힘과 행동이 되게 한다. 자연의 길은 교육의 원천이며, 인간의 본성을 흡족히 채워 주는 밑바탕이다.[2]

그러나 자연은 인간을 겉으로 눈부시게 성장시키려고 서둘지는 않는다. 자연이여, 그대의 자녀들은 여러 제약 아래 살고 있다. 그러므로 그들의 말은 사물을 완전히 이해한 연후에 나오는 지식의 표현이며 결과인 것이다. 인간이 이러한 자연의 순서의 과정을 너무 서둘러 지나가면, 인간은 자기 안에 깃든 힘을 스스로 파괴하게 되고, 마음속 깊은 곳에 깃든 본성의 평안과 조화를 잃게 된다.

인간의 정신을 일상생활의 대상물에 대한 사실적인 지식을 통해서 진리와 지혜로 이끌도록 하여라. 그러기 전에 인간을 수천 가지의 말공부와 사상의 혼란 속에 헤매게 하고, 또한 일상생활의 사물에 대한 진리는 구하지 않고, 말과 소리와 글을 바탕으로 그들의 정신을 지도하거나, 또는 이것을 바탕으로 인간의 여러 능력의 기초를 도야하려 든다면, 인간은 본성의 평안과 조화를 잃게 된다.

자연은 너그럽게 기다리며, 결코 서둘지 않는다. 자연스러운 성장을 기다리지 않고 억지로 말의 순서를 밀어넣는 인위적인 학교 교육은 어린이를 겉으로만 반짝이게 할 따름이다. 이것은 어린이의 속에 깃들어야 할 자연력의 결핍을 안 보이게 덮어 버림으로써, 오늘날과 같은 경박한 시대의 사람들만을 만족시켜 주는 것에 지나지 않는다.

생활의 터전, 인간 각자의 처지, 이것들이야말로 자연의 교재(教材)이다. 이 안에 자연이라는 슬기로운 지도자의 힘과 질서가 깃들어 있다. 이러한 기반 위에 인간 교육을 세우지 못하는 학교 교육은 모두 헛된 교육이다.

인간이여! 자녀의 어버이들이여! 어린이들의 힘을 손쉬운 것으로 연습시켜 길러라. 연습으로 단련되기 전에 그들의 정신을 먼 곳으로 밀어올려서는 안 된다. 냉혹(冷酷)과 과로도 삼가야 한다.

자연의 힘, 그대는 억센 힘으로 어린이를 진리로 이끈다. 그러나 자연의 힘에 의한 지도에는 조금도 어색한 점이 없다. 부엉이가 어둠 속에서 울면 자연의 삼라만상(森羅萬象)은 상쾌하고 자유롭게 약동한다. 거기에는 억압적인 계열의 어두운 그림자란 조금도 없다.

만일 자연의 교육방법 속에 억압적이고 딱딱한 서열(序列)이 존재한다면, 자연 역시 삐뚤어진 것을 만들어 놓았을 것이다. 그리고 그 진리는 인류의 온 본성을 부드럽고 자유롭게 채워 주지는 못했을 것이다.

헛된 진리의 그늘만을 향하여 쓸모없이 기력을 소모하는 충동, 또 아무 흥미도 없고 아무 응용도 없는 진리의 소리와 말과 글을 갈망하는 것, 또 자라나는 어린이의 힘을 딱딱하고 일면적인 학교 교육 방식대로 맡기는 것, 또 말만 오고가는 유행적인 수천 가지 교육방법의 기술에 맡기는 것, 이러한 것들이 인간 교육의 기반이 될 때, 모든 것이 자연의 길에서 일탈하게 된다.

이 모든 거북스러운 길은 진리가 인류에 봉사하는 시녀가 되지 못하게 한다. 또 그들이 자아내는 기쁨과 지혜는 어린이의 기쁨과 요구를 다정하게 채워 주는 슬기로운 어머니의 기쁨과 지혜처럼 되지는 못한다.

정신이 하나의 사물에만 일방적으로 억지로 쏠리게 되면, 사람은 여러 능력의 조화를 잃게 된다. 그러므로 자연의 교육방법에는 조금도 억압적인 면이 없다.

그럼에도 불구하고 자연의 교육에는 확고한 점이 있고, 자연의 질서에는 집안 살림에서 보는 듯한 정밀성이 있다. 산만하고 혼돈된 박식(博識), 이것 역시 자연의 길이 아니다.

가벼운 지식의 날개로 맴돌기는 하나 자기 지식을 조용하고 굳세게 응용하지 못하는 사람도 역시 자연의 길을 잃는다. 이러한 사람들은 굳세고 맑고 세밀한 눈과, 그리고 참으로 즐겁게 진리를 받아들이는 감정을 잃는다.

박식하여 이것저것 아는 것은 많으나 인간의 지혜가

갖추는 순수하고 조용한 감각이 없는 사람들의 발걸음은 흔들린다. 그들이 제아무리 자랑스레 뽐낼지라도 텅 빈 황야와 흑암이 그들을 둘러싼다. 그러나 한편 복된 지식을 갖춘 사람들의 힘은 밝은 빛을 발한다.

인간을 진리로 향하게 도야하라. 이것만이 인간의 본성과 자연을 아늑한 지혜로 향하게 도야하는 길이다.

자연의 힘이여, 그대 순수한 인간 교육이여, 그대는 어느 곳에 있느냐! 그러나 한편 무식과 게으름에서 오는 어두운 광야 역시 이 자연의 길에서 인간을 일탈시킨다. 인간이여, 그대의 본성에 대한 지식의 결핍, 이것으로 인하여서 그대의 지식은 그대의 본성이 요구하는 지식을 갖추지 못하게 한다. 그대와 관련된 첫 기본 개념을 왜곡시키는 것, 억압적인 전제(專制)의 폭력, 모든 진리와 성스러운 복을 즐기지 못하게 억제하는 것, 인류의 본질적인 첫 욕구와 본질적인 관계에 대하여 전국민의 계몽이 부자연하게 결핍되어 있는 것, 이러한 것들이 짙은 그늘이 되어 이 세상을 어둡게 하고 있다.

그러므로 인간은 굳건한 행동과 아늑한 즐거움의 원천이 되는 힘을 길러내야 한다. 이것은 망상적인 충동도 아니요, 속임수의 기만도 아니다.

우리의 본성을 마음속 깊은 곳에서 만족시키는 것, 우리 본성의 순수한 힘, 이것이 우리 삶의 복락이다. 이 것은 절대로 헛된 꿈이 아니다. 이것을 추구하고 이것 을 연구하는 것이 인류의 목적이며 사명이다. 이것은 또 나의 소원이기도 하다. 인류의 목적이며 사명인 이 것을 찾고자 나는 마음속 가장 깊은 곳에서 갈망한다.

어떠한 방법, 어떠한 길로 나는 그대를 발견할 것인 가? 그대 나의 구원이며 나의 본성을 완성시켜 주는 진 리여!

나의 본성 깊은 곳에 이 진리로 인도하는 열쇠가 있 다. 모든 인류는 그 본성이 같으므로 그들의 본성을 만 족시키는 길도 하나다. 그러므로 우리들의 본성 가장 깊은 곳에서 맑게 길러지는 이 진리는 또한 보편적인 인류의 지혜가 될 것이다. 또 그것은 진리의 껍질을 맴 돌면서 싸우는 수천의 논객(論客)들마저도 하나같이 납 득시킬 수 있는 진리가 될 것이다.

*   *   *

인류에게 모든 순수한 축복을 주는 힘은 기교나 우연의 산물은 아니다. 이런 힘이 될 기본적인 소질은 모든 인간의 본성 깊은 곳에 놓여 있다. 이것을 완성시키는 것이 온 인류의 사명이다. 그러므로 이것을 계발(啓發)시킬 자연의 길은 평탄하고 쉬워야 한다. 또 참되고 아늑한 진리로 이끄는 인간 교육은 단순하며 동시에 일반적으로 응용될 수 있어야 한다.

자연은 인류의 모든 힘을 연습을 통해서 계발시킨다.

인간 교육에 있어서 자연의 질서는 지식·재능·소질을 응용과 연습을 통해서 길러 준다.

그러므로 단순하고 순박한 사람들은 자신에 대하여 인식한 것을 참되고 순박하게 응용하며, 또 자기의 힘과 소질을 조용하고 착실하게 사용하는 등, 자연을 통해서 인간의 지혜를 도야한다. 이와는 반대로 마음속 깊은 곳에 자연의 질서를 파괴하고, 또 자기 마음속에서 들려오는 소리에 순종하는 마음이 약한 사람은, 진리가 주는 성스러운 복을 즐길 수 없게 된다.

마음속에서 들려오는 정의감에 거슬리는 행동을 하는

사람은 진리 인식의 힘을 매장하게 된다. 그것은 우리 안의 근본 관념 및 근본 감정이 갖는 고상하고 아름다우며, 단순하고 순수한 감각을 흩뜨려 놓는다.

그러므로 인간의 모든 지혜는 이 슬기로우며 진리에 순종하는 심정과 그 힘에서 우러나온다. 그리고 모든 인간의 성스러운 복은 단순하고도 순수한 이 감각에서 우러나온다.

인간을 이렇게 단순하고 순박하고 순순한 감각을 갖추도록 교육시켜라. 자녀의 어버이 된 자는 이 점을 명심해야 한다.

인간의 본성 안에 있는 여러 힘을 순수한 인간의 지혜로까지 두루 높여 길러 주는 것, 이것이 가장 미천한 계층의 사람들에게도 교육의 일반 목표가 되어야 한다.

각자의 특수한 형편과 처지에 알맞게 그 지혜와 힘을 연습·응용·사용하는 것이 직업 교육이며 계층 교육이다. 그러나 이 직업·계층 교육은 항시 교육의 일반 목표를 따라야 한다.

단순하고 순박한 마음 위에 터전을 둔 지혜와 힘은 어떠한 처지와 어떠한 낮은 지위에 있는 인간에게도 복을 나누어 준다. 그리고 또 이것은 아무리 높은 지위에 있는 사람에게도 꼭 필요한 것이다.

누구이든 속사람에 있어서 사람이 되지 못한 자, 즉 완성되지 못한 자에게는, 자신에게 보다 절실하며 자신의 특수한 처지에 보다 알맞는 교육의 기초가 결핍되어 있기 때문이다. 제아무리 겉으로 높은 지위에 있는 사람일지라도 이 결핍은 달리 채울 도리가 없다.

어버이와 군주 사이, 무거운 생활고를 짊어진 빈민과 더욱 무거운 근심에 허덕이는 부자 사이, 무식한 부인과 이름 높은 박식가 사이, 게으르게 조는 자와 온 세계를 독수리 같은 힘으로 흔드는 천재 사이에는 거리가 있다.

그러나 제아무리 높은 자리에 있을지라도 만일 그에게 인간성이 결핍되어 있다면 어두운 그늘이 그를 둘러싼다. 그러나 도야된 인간성은 오막살이에 사는 사람에게서도 그 순수하고 드높고 완숙된 인간의 위대성을 스스로 발휘하게 한다.

그러므로 높은 자리에 있는 군주가 제아무리 현명하고 공정한 법률을 죄수를 위하여 선포할지라도, 그것은 황금이 가득 찬 주머니를 현상금으로 헛되이 버리는 결과밖에 가져오지 않는다. 그러나 만일 군주가 군법회의에서나 수렵국(狩獵局), 세무서 등에서 자신의 인간성을 발휘하고 또 자기 집안에서 순수한 어버이 마음을 발휘할진대, 그는 이것을 통해서 죄수의 재판관이나 교도관을 어질고 착하게 교육시키는 결과를 낳는다.

그렇지 못하다면 아름다운 법률 조항도 이웃을 사랑한다고 말로만 되뇌이는 무정한 사람의 입에 오르내리는 문구와 조금도 다를 바가 없다.

군주여, 아마도 그대는 그대가 구하는 이 진리가 가져오는 성스러운 복에서 멀리 떨어져 있지 않은지 살필지어다.

그러나 군주여, 그대의 발 아래 티끌 속에 사는 어버이들은 그들의 말썽 부리는 자녀들을 슬기롭게 다루고 있다. 군주여, 밤에는 잠 못 이루며 흘리는 그들의 눈물 속에서, 그리고 낮에는 무거운 짐을 지고 수고하는 그들의 괴로움 속에서 지혜를 배워 그것을 그대들의 죄수

에게 베풀어라. 그리고 이러한 길에서 지혜를 갖추게
된 사람들에게 생사(生死)를 다스리는 권한을 주어라.
군주여, 이 세상의 모든 복은 도야된 인간성에서 나온
다. 그리고 슬기롭고 지혜로운 법률이 가져오는 모든
내적 행복의 힘은 오로지 이런 인간성의 힘을 통해서만
발로된다.

*   *   *

인간이여, 그대 자신을, 즉 그대의 본성과 힘을 안으
로부터 느껴라. 이것이 자연 교육의 제1원리이다. 그러
나 인간은 혼자만을 위하여 이 세상에 살고 있는 것은
아니기에, 자연은 또한 다른 사람과의 관계를 위하여,
그리고 그것을 통하여 인간을 교육시킨다.

인간이여, 이 외부와의 관계가 너에게 가까우면 가까
울수록 그것은 그대의 사명을 다하기 위하여 그대의 본
성을 도야하는 데 중요한 것이다.

보다 가까운 관계에서 도야된 힘은 반드시 먼 관계에
대한 인간의 지혜와 힘의 원천이 된다.

어버이 마음은 군주를 도야하고 형제의 우애는 시민을 도야한다. 이 두 가지가 가정에서와 국가에서의 질서를 낳는다.

인간의 가정적인 관계가 가장 으뜸가며 가장 뚜렷한 자연적 관계이다.

인간은 각각 직업을 가지고 일하고 있으며 또한 시민 제도에서 오는 무거운 의무도 지니고 있는데, 이것은 가정적인 복에서 우러나오는 순수하고 성스러운 복을 편안히 누리기 위해서이다.

그러므로 인간에게 직업 교육과 계층 교육을 시키는 것도 궁극적으로는 가정적인 복을 누리게 하는 데 목적을 두어야 한다.

그러므로 어버이가 주관하는 가정, 이것이 모든 인간의 순수한 자연 교육의 터전이다.

어버이가 주간하는 가정이여, 그대야말로 도덕과 국가의 학교이다.

자녀가 된 다음에 직업의 견습공이 되어야 한다.

자녀로서의 덕성(德性)이 견습공 시절의 복을 가져다 준다. 또 이것이 너의 소질을 맨 처음으로 도야해 줌으로써 인생의 복락(福樂)을 안겨다 준다.

이 자연의 길에서 벗어난 계층 교육·직업 교육·정치 교육·시민 교육 등을 부자연스럽게 앞세우는 자, 그대는 가장 자연스러운 복을 누릴 인간을 유혹하여 암초 많은 바다 속에 던지는 자로다.

인간은 마음속에 평안을 누리도록 교육받아야 한다. 자신의 처지와 자기 손으로 얻을 수 있는 복으로 만족하는 것, 어떠한 어려운 고비에서도 참고 견디며 어버이의 사랑을 흠모하고 믿는 것, 이러한 일들이 인간을 지혜로 이끄는 교육이다.

인간은 마음속에 평안이 없으면 거친 물결에 떠돈다. 인간은 자기의 손에 미치지 않는 먼 곳에 있는 것을 따려고 갈구하면, 자기 가까이에 있는 성스러운 복을 빼앗기게 된다. 그리고 슬기롭고 참을성 많고 부드러운 정신에서 나오는 힘을 모두 잃게 된다.

만일 이런 편안감이 마음속에서 우러나오지 않는다면, 마음속 가장 깊은 곳에서 인간의 힘이 시들게 되며, 그럼으로써 슬기로운 사람 같으면 즐거이 웃을 수 있는 날에도 어두운 그늘이 이들을 괴롭히게 된다.

불만에 찬 사람은 복스러운 가정에서도 성화를 댄다. 축제일에 나가서 춤을 추었는데 사람들을 매혹시키지 못했다든가 혹은 음악회에서 연주한 그의 바이올린, 강당에서 발표한 그의 논제가 남을 매혹시키지 못했다고 성화를 대는 것이다.

편안과 아늑한 즐거움이 인간 교육의 으뜸가는 목적이며 인생의 으뜸가는 보람이다. 인간이여, 그대의 지식과 명예욕도 이 높은 목적에 따르는 것이어야 한다. 그렇지 않으면 탐구심과 명예욕은 도리어 견디지 못할 고통과 불행을 가져올 것이다.

보라, 인간이여! 느끼지 못하느냐, 땅의 자녀들이여! 상류계층들은 소위 교육을 한답시고 이러한 마음속의 힘을 도리어 많이 잃게 하고 있다! 인간들이여, 보지 못하느냐! 그들은 이 슬기로운 자연의 길에서 벗어나 공허하고 황폐한 불행을 그들 자신에게 가져오고 있으며, 또 그로 인해서 백성에게까지 불행을 가져오게 하고 있다. 그대들은 느끼지 못하는가. 대지(大地)여! 인류는 대대로 이어온 이 가정적인 관계에서 우러나오는 성스러운 복을 떠나, 헛된 지식과 명예욕을 채우기 위하여 도처에서 겉으로만 화려하나 실은 어색한 무대 위에서 연극을 벌이며 자신을 소모하고 있다.

아득히 먼 곳으로 길 잃은 인류가 떠돌고 있다.

*　　*　　*

하느님은 인류와 가장 가까운 관계에 있는 분이시다.

인간이여, 그대의 가정도 또 그대가 가정을 아무리 슬기롭게 즐기고 있다 할지라도 언제나 그대에게 편안을 주는 것은 아니다.

온유하고 착하고 다감하게 길러진 그대의 본성은 하느님 없이는 이 세상의 폭력과 무덤과 사망의 고통을 이겨낼 힘이 되지는 못한다.

하느님은 그대의 가정의 아버지이시며 성스러운 복의

근원이시다. 하느님은 그대의 아버지이시다. 하느님을 믿음으로써 그대는 편안과 힘과 지혜를 얻게 되고, 이 세상의 어떠한 폭력과 무덤에도 뒤흔들리지 않는다.

하느님에 대한 신앙은 본성의 가장 높은 관계에서의 인간 감정의 터전이며, 하느님의 어버이 마음에 신뢰하는 자녀 마음의 발로이다.

하느님에 대한 신앙은 인생의 평안한 마음의 질서의 근원이며, 마음의 질서는 우리 안에 깃든 능력을 고르게 응용시켜 주는 힘의 근원이며, 우리 안에 깃든 능력을 응용하는 질서는 우리를 성장시키며 도야해서 지혜로 이끄는 근원이며, 지혜는 인류의 만복의 근원이다.

하느님에 대한 신앙은 모든 지혜와 모든 성스러운 복의 근원이다. 또한 그것은 인류를 순수하게 도야하는 자연의 길이기도 하다.

하느님에 대한 신앙심은 인류의 본성 안에 깃들어 있다. 선악을 판별하는 감각, 의(義)·불의(不義)를 판별하는 의분감, 이러한 것이 그대의 본성 깊은 곳에 깃들며, 인간 교육의 가능성의 대전제로서 깃들고 있다.

이 신앙심은 이 세상에서의 신분의 고하를 막론하고 모든 사람이 깊숙히 맛볼 수 있는 것이다. 높은 지위에 있는 인간에게 힘을 주며, 낮은 곳에 있는 인간에게도 더 없는 용기를 준다.

그러나 하느님에 대한 신앙심은 슬기로운 교육이 안겨다 주는 결과나 산물이 아니다. 신앙심은 순수하고 순박한 마음 그 자체이다. 즉, 그것은 하느님은 우리 아버지시다라는 자연의 소리에 순진하게 귀를 기울이는 데서 나온다.

자녀 마음과 순종심은 완성된 교육에서 나오는 결과도 아니고 그 뒤에 따라나오는 산물도 아니다. 아니 신앙심 자체가 인간 교육의 아주 이른 시기의, 그리고 첫째가는 기반이어야 한다.

학자들이 제아무리 창조의 심원성(深遠性)을 경탄할지라도, 그리고 또 창조주의 심원한 뜻을 탐구한다 할지라도, 이것이 그대로 인류를 신앙의 세계로 교육시키지는 못한다. 만유(萬有)의 심연에서 학자들은 길을 잃기 일쑤이며, 또 물결에 휩쓸려 떠돌다가 속을 헤아릴 수 없는 깊은 바다의 근원에서 멀리 떨어질 수도 있기 때문이다.

우리 인간들이 사는 초가에도 하느님은 아버지로서 내려와 계신다는 것, 하느님은 우리 본성 가장 깊은 곳에 계신다는 것, 하느님은 우리에게 은혜와 삶의 즐거움을 주신다는 것, 이러한 마음가짐이 인류를 신앙의 세계로 이끌게 도야한다. 또 이러한 마음가짐이 모든 신앙심을 기쁨과 체험 위에 세우는 자연의 힘이다.

나는 민중에게 또 다음과 같이 부르짖는다. 무릇 그대들 인간은 과연 선은 꼭 이기고야 말 것이라는 교훈만으로 만족할 수 있는가? 불행 끝에는 반드시 행복이 오고야 만다는 교훈만으로 그대는 과연 위안과 평안을 느낄 수 있단 말인가? 고통이 그대의 머리 위에 불붙듯하며, 그대를 파멸시키려 들 때 그대는 과연 이러한 성현의 교훈에 위안을 받을 수가 있단 말인가?[3]

*   *   *

그러나 아버지가 아이의 마음속에 본성을 굳세게 하여 주고 아이를 위하여 매일매일 즐겁게 하여 주고, 아이에게 고통을 이겨낼 힘을 길러 주고, 아이의 마음속

에 성스러운 복을 즐길 수 있는 뛰어난 바탕을 개발시
켜 주면, 이때 비로소 아이는 하느님에의 신앙심을 자
연스럽게 교육받고 있는 것이다.

내 아들이 나의 손에서 얻어먹는 빵이 아들에게 그가
나의 자식이라는 감정을 길러 준다. 자녀 마음은 결코
어린이의 장래를 위하여 내가 밤을 새우면서 걱정하는
모습을 그가 보고 경탄함으로써 길러지는 게 아니다.
내가 자녀를 위하여 애쓰는 행동을 아이에게 보이며 생
색을 내는 일은 분별없는 일이다. 그것은 오히려 어린
이의 심정에 반발심을 일으키어 도리어 우리에게서 떠
나게 할 수도 있다.

단순하고 순박하고, 그리고 감사와 사랑에 대한 순수
한 인간적인 감정, 이것이 신앙의 원천이다.

인류의 순수한 자녀 마음속에 영원한 생명에 대한 소
망이 깃들어 있다.

포악한 정치가가 그의 동포와 하느님의 자녀들을 유
린함으로써 인류의 마음 가장 깊은 곳을 떨게 하고 있
다. 피살된 자의 자식들, 그 과부들, 그리고 그 고아들이 열을 지어 원망의 소리를 지르며 떨며 굶주리고 있다. 그러나 그 속에서도 그들은 하느님을 믿으면서 죽는다. 그러므로 하느님이 정말 인간의 아버지라면, 우리가 이 세상을 하직하는 날이 바로 우리의 삶이 끝장나는 날일 수는 없다.

인간이여, 진리를 사랑하는 마음이 그대의 마음속에 있거든 말하여 다오. 하느님이 우리의 아버지이신데도 우리의 삶이 가련하게도 죽음으로 끝장난다는 일은 그대의 마음속 가장 깊은 곳에 있는 진리 감각에 어긋나는 것임을!

하느님이 우리의 아버지가 아니든가, 죽음이 삶의 끝장이 아니든가, 이 둘 중의 하나이다.[4]

인간이여, 그대의 마음속의 감각이 확고한 도성(導星)이 되어 그대를 진리와 그에 따라야 할 의무에 이끌게 한다. 이 마음속의 감각이 이렇게 힘차게 영생(永生)을 부르짖는데도 그대는 이에 회의를 느끼는가.

인간이여, 그대 자신을 믿으라. 그대의 본성 안에 있는 마음의 감각을 믿으라. 그러면 그대는 하느님과 영생을 믿으리라.

하느님은 인류의 아버지이시다. 그러기에 하느님의 자녀에게는 죽음이 없다.

인간이여, 순박한 것, 단순한 것을 신앙과 동경으로 사모하는 감각이 그대 본성 가장 깊은 곳에 깃들어 있다.

그러나 이러한 단순한 것과 순박한 것을 모든 사람이 다 지니고 있지는 않다.

많은 사람들이 인간 본성 안의 마음속의 감각을 허망한 꿈 속의 놀이로 여기고 있다. 또 그들은 이 마음속 감각 위에 세워진 하느님과 영생(永生)에 대한 신앙심을 예술의 대상으로 여기고 희롱하고 있다.

하느님은 나의 본성 안에서 힘차고 굳세게 진리와 지혜와, 성스러운 복과 신앙과 영생을 가르쳐 주고 있다. 하느님은 그의 모든 자녀들의 기도에 귀를 기울인다. 온유하고 다감하고 순수한 사랑을 지닌 사람이라면 누구나 하느님을 알게 될 것이며, 또 모든 사람이 똑같은 하느님을 알게 될 것이다. 하느님! 우리의 마음속 가장 깊은 곳에서, 그리고 또 우리와 우리 본성에 따르고자 우리는 당신의 가르침에 순종하나이다. 우리는 무엇이며 우리는 무엇을 해야 하나이까. 우리는 그저 믿나이다.

하느님에 대한 신앙이 있느냐 없느냐에 따라 인류는 하느님의 자녀와 속세의 자녀로 갈라진다.

하느님 아버지의 은총을 믿는 것은 영생을 믿는 것이다.

하느님은 인류의 아버지이시다. 인간은 하느님의 자녀이다. 신앙의 순수한 원리는 바로 이것이다.

하느님이 우리 인류에게 주신 성스러운 복으로 맺어진 인류의 마음 바탕에는 이러한 하느님에 대한 신앙심이 있다.

인간이여, 어버이 마음과 자녀 마음은 그대의 가정의 성스러운 복을 가져오는 것인데, 이것은 실은 신앙의 소산이다.

가장(家長)이여, 그대는 권리를 즐기며, 아내는 기쁨으로 그대에게 순종하고, 아이들은 마음속으로부터 그

대에 감사의 느낌을 갖는다. 이것은 하느님에 대한 신
앙의 소산이다.

하느님의 자녀인 자기의 아버지를 믿는 마음이 하느
님에 대한 신앙심을 길러 준다.

하느님에 대한 신앙은 각자의 아버지에 대한 신앙과
각자의 가정에 대한 의무를 수행하는 마음의 반석(盤
石)이 된다.

숭고한 자연이여, 그대는 의무와 즐거움을 결합시켜
교육시킨다. 그대의 손에 이끌리어 인간은 성스러운 복
을 누리면서 새로운 의무를 찾아서 완수한다.

군주나 신하나, 주인이나 종이나 가릴 것 없이 모든
인류는 자연스러운 첫 관계를 즐기면서 자기 신분에 부
과된 고유한 의무를 다하도록 도야받는다.

군주, 그는 하느님의 자녀이며 그의 아버지의 아들이다.

군주, 그는 아버지의 아들이며 그의 백성의 아버지이다.

신하, 그는 하느님의 아들이며 그의 아버지의 아들이다.

신하, 그는 그의 아버지의 아들이며 그의 군주의 아들이다.

군주의 신분은 하느님의 상징이며 한 국민의 아버지이다.

신하의 신분은 군주의 아들, 그 군주는 그의 신하와 더불어 하느님의 아들이다. 인류는 이처럼 자유스러운 관계로 묶여져 있다. 이 얼마나 아늑하고 굳세고 깨끗한가.

오! 그대 높은 지위에 있는 사람들이여,

그러나 침체(沈滯)한 백성에게 위엄을 부리는 그대의 감정은 공허하다.

가장이여, 나는 그대의 신분을 묻지 않는다. 여물통 옆에 있는 소, 그대의 집주인. 오! 그대 낮은 신분에 있는 사람이여, 오! 모든 것의 주인이신 아버지여!

　아무리 낮은 신분에 있을지라도 종은 그 본성에 있어서는 그 주인과 동일하다. 그리고 주인은 종에 대하여 그의 본성을 채워 줄 의무가 있다.

　백성을 교육 향상시켜서 그 본성이 가져오는 성스러운 복을 즐기도록 하기 위하여, 신하의 아버지로서의 군주가 계시는 것이다.

　그리고 온 백성은 군주의 어버이 마음에 보답하여 자녀로서의 순수한 신뢰의 마음을 바침으로써 가정의 복락을 즐기며 편안하게 살 수 있다. 그리고 모든 백성은 군주가 그의 자녀 된 백성을 교육 향상시켜 인류의 모든 성스러운 복을 즐길 수 있게 어버이로서의 의무를 다해줄 것을 기대하고 있다.

　인류가 이처럼 서로 기대하는 것은 허황된 일일까? 이러한 어린이 같은 소망은 낮은 지위에서 게으르게 졸다가 보는 환상일까.

　하느님에 대한 신앙, 그대야말로 이런 소망의 원천적인 힘이다.

　군주여, 그대가 하느님을 믿고 인류의 형제 됨을 믿

을진대, 그대는 그대의 신분으로 수행해야 할 의무의
터전을 이 신앙 안에서 발견할 것이다. 그대들은 하느
님을 힘입어 백성을 도야시켜 성스러운 복을 누리도록
해야 할 사람들이다.

군주여, 그대가 하느님의 아버지 되심과 인류의 형제
됨을 부인할진대, 그대의 이런 무신앙은 백성들이 자기
네의 의무를 수행하는 데 필요한 신앙심을 앙칼지게 파
괴하는 힘의 원천이 되리라. 그리하여 백성들은 포악한
사람들이 되고, 파괴하는 데에만 힘을 쓰는 사람들이
된다. 군주여, 그대는 하느님의 위엄을 위에 계시는 아
버지의 위엄으로 받들어라. 이때 비로소 백성들은 그대
들에게 순종하게 될 것이며, 이것이 하느님에 대한 자
기네의 의무라는 것을 깨닫게 될 것이며, 그대들은 이
를 다짐받게 되는 것이다.[5]

하느님께의 순종 안에 자신의 권리와 의무의 근거를
찾지 않는 군주여, 그대는 백성이 그대의 권력에만 아
첨하는 밑빠진 모래 위에 왕궁을 세우고 있는 것이다.

하느님에 대한 신앙, 이것이 군주와 백성을 맺어 주
는 유대이며, 인류를 서로 복스러운 관계로 통일시켜

주는 유대이다.

무신앙, 그것은 인류의 형제 됨과 그 형제 된 관계에 부과된 의무를 부정하는 것이며, 아버지로서의 하느님의 권리를 부인·멸시하는 것이며, 인간 서로가 서로에게 폭력을 휘두르는 만용을 낳게 하는 것이며, 인류를 복스러운 관계로 순수하게 맺고 있는 모든 유대를 끊는 일이다.

목사(牧師)여, 그대는 하느님의 아버지 되심과 인류의 형제 됨을 밝히는 사람이다. 그러므로 그대는 인류의 자연적인 관계를 성스러운 복으로 이끄는 통일의 중심점이 되어야 하는데, 이 일은 하느님에 대한 신앙을 통해서만 가능하다.

하느님에 대한 신앙, 이것은 인류의 성스러운 어버이 마음과 형제 우애의 원천이며, 또 모든 정의의 원천이다.

어버이 마음과 형제의 마음을 갖추지 못한 정의는 성스러운 복을 자아낼 힘이 없는 겉치레의 헛것이다.

교만한 정의, 법률에 정통한 자나 또는 판사들의 배

를 채워 주는 판결, 즉 건달들의 오랜 세월의 책동에 말려들어 내려진 판결, 이러한 것들은 정의의 가면이지 백성을 복되게 하는 것이 아니다.

굳세고 순박하고 아늑한 것, 이것이 국민 도덕의 원천이다. 이것은 슬기로우며 어버이다운 정의의 결과이며 신앙의 소산이다.

순박한 것, 의로운 것, 참된 것에 반항하는 당돌하고 거센 만용, 이것은 한 나라의 정의에 순수하며 굳센 어버이다운 힘이 결핍되어 있다는 증거이며 무신앙의 소산이다.

국민 정신 속에 깃든 정의와 순박성에 거슬리는 폭력과 억척스러운 월권 행위는 국민을 쇠약하게 만드는 근원이다.

그러나 이와는 반대로 국민의 정신 속에 어버이 마음과 자녀 마음이 깃들게 되면 이것은 온 백성의 순수하며 성스러운 복의 근원이 된다.

그러므로 백성이 하느님에 대하여 신앙심을 갖는 것

이 모든 순수한 국민 도덕의 원천이 되며, 모든 민복(民福)과 민력(民力)의 원천이 된다.

죄, 이것은 무신앙을 낳게 하는 것이기도 하고, 또 무신앙에서 나오는 것이기도 하다. 죄란 우리의 본성이 의(義)와 불의에 대하여 마음속으로부터 판단하는 기준에 거슬리는 행동이다. 죄는 우리의 으뜸 된 기본 개념을 혼란시키며 순수한 자연 감정을 혼란시킨다. 죄는 그대 자신의 본성에 대한 신앙의 상실이다. 그리고 또한 죄는 그대의 마음속의 감각에 대한 신앙의 상실이다. 죄는 하느님에 대한 신앙의 상실이며 하느님에 대한 자녀 마음의 상실이다.

죄를 드러내 보이는 일은 하느님에 대한 반항이다.[6)]

인간은 하느님에 대한 순수한 자녀 마음의 발동으로 죄를 미워해야 하며, 또 하느님이 우리 본성 깊은 곳에 계시를 주신다는 신앙의 표현과 열매로 죄를 미워해야 한다.

자기 부모를 희롱하는 자에 대항하는 자녀로서의 감정으로 우리는 드러난 죄를 미워해야 한다.

　국민이 참으로 군주를 최고의 어른으로 믿고 있으며, 국민이 군주에 대하여 자녀 마음을 가지고 있느냐 없느냐의 산 증거는, 과연 국민이 드러난 죄를 미워하고 있느냐 없느냐로 알 수 있다.

　군주가 하느님께 공공연하게 반항할 때, 이것을 백성이 전국적으로 증오해야 한다. 바로 이것이 국민의 덕성이 살아 있다는 증거가 된다. 그리고 이러한 덕성이 약해지면, 결과적으로 백성이 군주를 최고 어른으로 믿고 순종하는 힘이 약해진다.

　무신앙, 이것은 이 사회를 안으로 묶어 주고 있는 모든 유대를 끊는 원천이다.

　윗사람들의 어버이다운 심정과 자질이 신하의 마음속에 순종심을 심어 주고 그것을 굳세게 길러 준다.

　무신앙은 순종심을 낳게 하는 근원적인 힘을 파괴한다.

　어버이답지 않은 군주 아래에서 어찌 백성의 마음이 순수해지고 감사의 마음이 넘칠 수 있겠으며, 어찌 아들로서의 순종심으로 어버이에게 보답함으로써 복을 받는 민심의 바탕이 길러질 수 있겠는가.

무신앙의 결과 어떠한 현상이 나타나고 있는가. 죄악은 날로날로 늘어나고 어버이의 자애심은 날로날로 줄어들고 있다. 성스러운 복을 가져오지 못할 폭력이 난무하고, 억척스럽고 자연스럽지 못한 정치의 장난이 횡행하고, 중간 폭력이 득실대어 백성의 골을 빼먹으려 들고, 민력(民力)은 쇠잔해져서 이런 중간 폭력에 대항도 못 하고 있다. 이러한 모든 현상은 하느님과 인류의 권리를 무시하는 무신앙의 정치 아래에서는 피할 수 없는 일이다.

군주여, 만일 그대가 어버이로서의 권리를 부자연스럽게 남용하고 있다는 것을 백성이 느끼게 된다면, 그대와 백성 사이를 맺어 주고 있는 순수한 자연의 유대가 힘없이 풀어져 버린다.

슬기로운 모성적인 인간 본성, 이것이 시민들을 서로서로 복되고 즐겁게 하여 줌으로써 그들을 하나의 유대로 맺어 준다.

그리고 백성은 그들의 군주에 대하여 이런 관계를 감

사·사랑·믿음으로 깨끗하고 성스럽게 유지함으로써 이 복락을 누리고자 하는데, 이것이 백성의 정이며 국민 감정이다.

나는 소리도 맞지 않으며 유행적인 가락도 뽑지 못하는 가야금 줄을 타고 있는 꼴이 되었다. 유행적인 가락은 나를 비웃고, 앙칼진 소리로 나를 욕하고, 거센 목소리로 나의 힘을 짓누르고 있다. 그러나 그렇다고 진리와 순수한 인간은 감정이 조금이라도 상하는 것은 아니다.

하느님에 대한 신앙을 통해서만 인류의 모든 힘은 성스러운 복을 낳을 수 있다. 그리고 또 군주의 어버이 마음은 모든 백성의 복을 낳는 단 하나의 근원인데, 이것 또한 군주가 하느님을 믿는 데서 오는 결과이다.

인간이여, 그대가 아무리 괴로운 처지에 있다 할지라도, 군주는 하느님의 자녀일진대, 그의 권력은 어버이의 힘임을 잊어서는 안 된다.

군주가 자기의 권리를 냉혹하고 무분별하게 행사하는 것은 어버이 마음이 아니고, 또 하느님에 대한 믿음의 마음도 아니다. 그것은 군주와 국가의 가장 귀한 것을

파괴하는 일이며, 백성들의 군주에 대한 순수한 자녀
마음을 파괴하는 일이다.

그러므로 소견이 모자라는 관료들의 이와 같은 관습
은 큰 반역이라 보아야 할 것이다.

그런데 관료들은 졸렬하게도 이러한 관습으로 군주의
어버이로서의 권리를 선악의 권리, 의와 불의의 권리로
돌리려 든다.

이러한 관습은 군주의 이름을 빌려 가정의 성스러운
복을 파괴하며, 재산권을 침범하며, 순박한 것을 욕되
게 하고 손상시킨다. 이보다 더 졸렬한 일이 있을까.

인류를 성스러운 복으로 이끌어 맺어 주는 유대, 군
주와 백성이 하늘에 계시는 하느님을 인류의 주님으로
믿는 것, 즉 하느님에 대한 신앙심을 갖는 것, 이것만이
인류를 심연에서 건져내 준다.

모든 무신앙은 교만이다. 그러나 하느님에 대한 신
앙, 즉 하느님에 대한 인류의 자녀 마음은 그들을 아늑
하게 드높여 줌으로써 힘차게 활동시킨다.

인류의 본성을 겉으로만 반짝이게 소모하는 것, 위험한 일이나 파괴적인 일을 웃어넘기는 관용, 이것은 하느님께 대한 인류의 자녀 마음에서 벗어난 힘이다.

모든 소질을 적으나마 착실하게 아껴 쓰는 것, 자기 힘을 굳세게 하려는 동경심, 이것은 인간의 모든 힘을 도야·강화하는 자연의 길이다. 그리고 이것은 제아무리 낮은 자리에 있고 약한 처지에 있다 할지라도 하느님에 대한 인류의 순수한 자녀 마음의 방향이다.

천한 사치를 즐긴다거나, 소질과 힘을 과시함으로써 자기 약점을 드러내는 충동 따위도 역시 가장 천하고 약한 인간에게 있는 경향이다. 그것은 자연의 도야에서 벗어난 것이다.

이런 순수한 자연의 길 위에서 길러진 외적 및 내적 인간의 고귀성은 천한 힘들과 소질을 미리 막는 어버이의 입장과 같은 것이다.

높은 지위에 있는 인간이여, 그대의 힘을 그 목적을 위하여 넘쳐 흐르게 쓸지어다.

이 높은 힘을 갖춘 어버이 마음을 교육받지 못하고 연약한 인류의 무리들에게 쓸지어다.

오! 그대 높은 지위에 있는 군주여!

오! 그대 힘에 넘치는 괴테여!

이런 일이 그대의 의무가 아니겠는가?

오! 괴테여, 그대의 길은 하나도 자연스럽지 않다.[7]

연약한 자를 도와주며, 어버이 마음·어버이 뜻·어버이의 희생심으로 역량을 발휘하는 데에 인류의 순수한 고귀성이 있다.

오! 그대 높은 지위에 있는 괴테여! 나는 낮은 자리에서 그대를 우러러보고 떨며 침묵하며 한숨짓는다.

그대의 힘은 나라를 빛내기 위하여는 백만 백성의 복을 희생시킬 수도 있는 대왕(大王)의 충동과도 흡사하다.

인류의 순수하며 성스러운 복, 그대는 신앙의 힘이며

신앙의 소산이다.

오! 나의 오막살이여, 너의 주위에 환희가 넘친다. 너 역시 신앙의 소산이다.

복이 있을지어다. 나와 나의 오막살이에!

인류가 하느님을 믿기에 나는 이 오막살이에서도 편안하다.

하느님께로 이끄는 목자(牧者)를 백성이 믿기에 나의 생활은 편안하다.

하느님께로 이끄는 목자, 이는 인류의 순수한 어버이의 지위이다.

목자여, 그대의 힘을 하느님의 빛이 되도록 할지어다.

사랑과 지혜와 어버이 마음이 하느님의 빛이다.

오! 누구나 나의 오막살이에 들어올지어다. 나는 그대에게 나의 하느님의 영상(映像)이 되어 주련다.

오! 태양이여, 하느님의 힘의 상징이여, 이제 날은 저물었도다! 그대는 저 산을 넘는구나. 오! 나의 완성의 날이여! 다가올 아침의 소망이여, 나의 신앙의 힘이여!

㊟

1 여기에서 말하는 '성스러운 복'은 원문으로는 'Segen'인데, 이것은 세속적으로 부귀영화를 누린다는 뜻이 아니고, 이 세상의 괴로움 속에서도 하느님의 뜻 안에서 감사와 편안을 느낄 수 있는 기독교에서 말하는 복을 의미한다.

2 '밑바탕'의 원문은 'Stimmung'인데, 이것은 음악에서의 음률, 미술에서의 색조 등을 가리키는 말로서, '본바탕'이라 해도 좋을 말이다.

3 종교란 이런 성현(聖賢)들의 도덕훈을 듣고 실천하는 실천 도덕의 기준을 주는 것이 아니다. 종교란 절대자에 의한 우주 창조와, 우주의 궁극적인 완성과 인간 개인의 고유한 사명의 자각과, 인간의 영혼적 구원을 논리가 아닌 직관적인 신앙으로 믿는 마음가짐을 말한다. 따라서 신에 대한 절대적인 귀의심과 자신의 무력의 자각 및 우주의 완성으로서의 내세의 소망 없이는 종교는 성립될 수 없다.

4 이 세상에는 의인이 박해와 괴로움을 받고 악인이 권세와 영화를 누리는 불합리한 일들이 너무 많다. 따라서 신이 정말 우주와 역사를 주관할진대 어느 땐가는 죄 없이 받은 괴로움의 대상으로 내세의 복락을 내리지 않을 수 없다. 페스탈로치는 이런 논리로 내세를 요청하고 있는 것이다. 우주의 합리적 창조 및 완성, 그리고 내세의 요청은 기독교의 대전제(교리)이다.

5 '무신앙'은 원문으로 'Unglauben'인데, 무신앙뿐 아니라 무신
앙·무종교·불가지론 등을 가리킴.

6 인간이란 숙명적으로 죄의 존재랍시고 죄를 인간의 생리적 작
용으로 돌리고 자신의 죄스런 행위를 합리화하려는 간악하고
교활한 마음가짐을 말함.

7 페스탈로치는 괴테와 동시대 사람인데, 괴테의 문인 또는 정
치가로서의 역량을 감탄해 마지않았다. 그러나 괴테가 인간 만
능·현재 만능의 무종교가임을 늘 못마땅히 여기고 있었다. 괴
테의 그리스적인 세계관과 페스탈로치의 히브리적인 세계관은
절대로 화해·절충될 수 없는 것이었다. 그러나 그들은 서로의
역량과 사업의 의의에 대하여는 높이 평가하고 있었다.

2   교육론(A)

인간의 최초의 욕구는 육체적이며 감각적인 것이다. 이 감각적이고 육체적인 욕구를 충족시켜 주는 것, 이 것이야말로 어린이들이 지상의 삶에서 받는 최초의 교육적인 인상이다. 즉, 그것이 교육의 최초의 기반이라 할 수 있다.

지상의 어느 생물보다도 어린이들은 의존적이며 연약하다. 어린이들은 어머니의 가슴과 무릎 위에서 사랑과 감사를 느끼며 도덕에 대한 최초의 인상을 받는다. 이 인상은 나약한 어린이의 마음속에 자기가 연약한 존재임을 느끼게 하며 또 앞으로 계속되는 욕구 속에 가장 순수하게 보존된다.

이 감각적이며 육체적인 욕구는 어린이들의 정신적, 그리고 육체적인 능력을 꾸준히 개발시킨다.

굶주린 어린이는 빵이 있는 곳으로 손을 뻗치고 우유가 있는 곳으로 접근해 간다. 그리고 그를 도와주는 사람에게서 사랑을 배운다. 어린이의 눈은 우리의 눈을 바라보며 우리의 마음이 그를 생각하고 있는가 어떤가를 본다. 어린이는 우리의 말투로 사랑과 기쁨과 노여움을 분간한다. 왜냐하면 어린이는 당신을 필요로 하고 있으며 그의 욕구 때문에 당신을 직시해야 하기 때문이다.

이리하여 그의 육체적인 욕구는 그의 여러 능력을 개발시키는 기반이 된다. 그것은 모든 참된 인간의 지혜와 덕성의 이중적 기초를 단순하고 바르게 제공한다. 그것은 감사와 사랑을 낳게 한다. 이것이 인간의 모든 도덕의 근원이다. 그리고 빵을 얻으려고 스스로 노력하는 것이 노동이 되고 인간의 도덕과 덕성을 지상에 확립시키는 것이 된다.

자연은 이와 같이 어린이들이 자기의 육체적인 욕구를 충족시키려고 하는 주의성을 통하여 인간의 모든 소질을 개발시킨다. 그리고 성년이 된 후에 인간이 식생활에 대하여 조심성이 있게 되는 것도 이와 같은 단순한 길이 발달된 것에 불과하다. 자연히 각자의 처지와 형편에 알맞는 자리와 지위에서 인간을 뛰어나게 개발시키고 교육시키는 것도 이 길에 의해서이다. 그 길이란 인간의 도덕성의 전진은 어린이가 배부르고 기쁘고 귀여움을 받을 때 느끼는 감사와 사랑의 느낌이 확장되고 더욱 발달되며 명백해진 길을 말한다.

그러므로 인간 교육에 대한 나의 의견은 다음과 같은 것이 된다. 주의해서 이러한 단순한 길에 어린이들을

맡겨 두라. 그리고 노동과 감사를 통하여 그들에게 필
요한 덕성과 습관과 기능이 개발되도록 하라.

그러면 인간 개개의 처지가 모두 다르고 차이가 있기
때문에 지상의 모든 동물도 그 방법을 다르게 교육받아
야 할까. 동물은 인간처럼 그렇게 많은 일을 교육받을
필요가 없는 것이다.

그러나 인간과 같은 교육은 지상의 동물에게는 필요
하지 않다. 만일 필요하다면 늑대와 양, 여우와 토끼를
같은 우리에 넣어서는 안 될 것이다. 땅에 기는 벌레를
독수리의 등에 업혀 하늘을 날게 해서는 안 된다. 호랑
이의 먹이를 코끼리에게 주고 코끼리의 먹이를 호랑이
에게 주는 일을 해서는 안 된다. 새에게 개미알을 주고
부엉이에게 새의 먹이인 밀을 주어서는 안 된다.

그러나 인간의 교육에서는 이러한 혼돈이 많다. 그들
은 새의 먹이를 개미의 알로 혼돈하고 코끼리의 먹이를
야수만이 먹는 송장과 혼돈하고 있다.

그러므로 인간들이여, 그대들이 아무리 만물의 영장
이라 하여도 주의해서 보라. 귀여운 가축이 그 새끼를
어떻게 기르는가를. 암소는 송아지를 날도록 가르치지
않는다. 늙은 당나귀는 그 새끼에게 인내와 만족감을
가르친다. 당나귀는 자기 새끼가 가벼운 발을 가진 사
슴처럼 뛰는 것을 경계하며 말이 부리는 재주를 본뜨지

않게 경계하며 귀한 동물이나 먹는 먹이를 탐내지 않도록 경계한다. 이러한 모습을 주의해서 보면 이로울 것이다. 지상의 모든 동물은 그 새끼에게 먹이를 가르쳐 주고 있다. 그대들 인간들도 이것을 본받아 자녀에게 생활 방도를 교육시켜라. 이러한 것을 주의해서 보면 인간에게 유익하다.

물론 인간은 먹이만을 찾는 동물보다 자신을 드높이려는 힘을 가지고 있다. 그러나 삶의 즐거움은 역시 식물을 찾는 데에 있을지라도 인간은 들의 동물처럼 자기 식물을 얻기 위한 준비가 미리 되어 있는 것은 아니다. 오류와 격정이 그를 굶주리게 한다. 나쁜 교육을 받은 땅의 자녀들은 소질과 힘을 충분히 쓰지 못하기 때문이다. 그러나 동물은 지도를 받지 않고도 그 힘과 소질을 잘 응용하여 자신을 충족시키고 있다.

그러므로 인간 교육에 있어서 온전한 성과를 얻으려면 모든 어린이들이 특히 그들의 외적인 그리고 신체적인 욕구를 충족시키는 것을 배워야 한다. 허영이 많고 언제나 조급하게 서두르는 인간들이여! 그대들은 먼저 오랫동안 어린이들의 감각과 그들의 육체적인 욕구를 채워 주도록 배려해야 할 것임을 잊어서는 안 된다. 어린이들의 육체적인 욕구가 특히 나타나게 되도록 그대들은 어린이들의 육체를 보살펴야 한다.

자연은 인간의 숭고한 소질을 껍질과 같은 것으로 감싸고 있다. 그것이 스스로 벗겨지기 전에 그대들이 이 껍질을 벗겨 보라. 그러면 그대는 아직 자라지 못한 진주를 벗기는 것이 되며, 어린이들이 간직해야 할 생명의 보고(寶庫)를 파괴하는 것이 된다.

지혜와 덕성은 성년이 된 후에 목표로 삼아야 할 것이다. 종교가 요구하는 의무는 젖을 먹는 어린이의 식물일 수는 없다. 또 헌신은 어린이들의 유희가 되어서도 안 된다.

머리나 마음을 조급하게 개발시키면 인간의 참된 여러 힘을 파괴하게 된다. 그리고 머리와 마음의 개발을 한 점과 한 방향으로 쏠리게 하면 일반적으로 무기력하게 된다. 왜냐하면 그것은 궁극적으로 인간을 만족시키지 못하며 괴로움과 불안만을 주기 때문이다.

슬기로운 가장(家長)과 주부들은 그들의 유년 시절에 그들에게 적합한 교육, 즉 빵을 먹기 위한 인간 교육을 받은 사람이다. 그러므로 어린이 하나하나의 개인적인 형편을 보살펴 주는 것이 가장 본질적인 교육법의 하나다. 그러나 일방적인 교육 원리는 잘못을 저지르기 쉽다. 왜냐하면 그것은 특정의 어느 개인이 아니고 우리 온 겨레를 포함하고 있기 때문이다.

인간은 일반적으로 대국적인 견지를 포섭하는 일에는

극히 무능하다. 그러나 특정의 어느 한 대상을 올바르
게 파악하고 그 속에 자신을 투입시켜 일하는 데는 유
능하다. 자기 자신의 어린이를 관찰함으로써 올바른 교
육 원리를 이끌어낼 수 있는 사람은 무수하다. 그러나
인간의 본성과 일반적인 욕구를 사색하면서 특별한 경
우의 한 어린이를 형편의 욕구에 맞게 교육시키는 사람
은 극히 드물다.

너는 이러이러한 사람이며 이러이러한 것을 해야 한
다, 또 너는 이렇게 해야 한다고 옛사람들은 말했다. 그
리고 어린이들이 무엇을 원하고 있는가, 무엇을 할 수
있으며 무엇을 해야 하는가를 바로 알고 있다. 그러나
젊은 사람들은 말한다. 인간은 천만 가지로 다양하게
될 수 있다. 우리는 우리가 모르는 인간의 모습을 몽상
(夢想)한다고.

참된 인간 교육의 원칙은 그 자신이 참되어야 할 뿐
아니라 그것을 실행할 것을 기대하는 사람에게도 참되
어야 한다. 또 이러한 견지에서 인간의 여러 능력을 처
음으로 개발시키려면 가사에 주의를 시켜야 한다는 원
리도 진리이다. 아버지와 어머니는 일반적으로 인간의
유일한 교사이며 또 앞으로도 그들의 교사가 되어야 한
다. 그들은 여러 가지 가사(家事)와 처지를 통하여 어
린이들을 이 원리로 이끌어야 할 것이며 이 원리로 교

육해야 할 것이다.

그러나 이 원리와는 별도로, 또 어린이들의 교육을 맡은 그 사람의 미약·미숙을 별도로 하고, 우리는 또한 어린이들의 영양과 근면성도 역시 좋은 교육의 확고한 기초라는 것을 잊어서는 안 된다.

어린이들의 주의력을 집중시키는 것, 그의 판단력을 날카롭게 하고 연습시키는 것, 그리고 그의 마음을 고상한 심정에까지 높여 주는 것, 이것이 모든 교육의 궁극적인 목적에 합당하는 본질적인 것이라고 나는 믿는다. 그리고 여러 가지 가사에 어린이들의 근면성을 연습시키면 각각 다른 이 세 가지 견지를 달성하는 데 유익하다고 나는 믿는다.

일반적으로 노동은 가장 확실한 주의력의 연습이다. 왜냐하면 노동을 올바르게 완수하려면 꾸준한 주의력이 없이는 불가능하기 때문이다. 어린이들이 하는 가사의 노동은 차이가 많고 종류가 많다. 그러나 이것은 도리어 서로 다른 많은 대상을 확실하게 파악하는 기능을 연마시킨다.

그리고 또 인간은 일찍부터 여러 가지 일에 종사할 때에 그의 판단력이 훈련되는 것이다. 왜냐하면 여러 가지 노동과 업무는 올바른 판단력이 시시각각으로 요구되는 상황과의 관계에서 착수되며 시행되기 때문이다.

그리고 일반적으로 마음을 고상하게 하고 모든 가정적인, 그리고 시민적인 덕성에의 길을 개척한다는 점에서는 자녀다운 순종심을 연습시키는 것이 중요하다. 부모와 친척과 집안 사람들에게 갖는 천진한 애착심은 어린이들을 가사로 훈련시키고 가사에 관여시킴으로써 가장 확실하게 얻어지는 것이다. 그러므로 나는 이 방면의 연습이 결핍되면 다른 어떠한 인식 수단으로도 보상되지 않는다고 믿는다.

그리고 일반적으로 책이나 기술로 어린이들을 지도하는 것은 어느 면으로도 가정 교육에 따르지 못한다. 가장 좋은 역사도, 가장 감동적인 책의 그림도 어린이들에게는 연결성과 통일성 그리고 내면적인 진리가 없는 꿈 속의 광경에 지나지 않게 된다. 그러나 가정에서 어린이 앞에 생기는 일은 다르다. 그것은 그들의 머릿속에 있는 여러 가지의 비슷한 모양과 연결되어 내면적인 진실성을 갖게 한다. 그러므로 같은 것이라도 집안 사람이나 이웃 사람과의 교제로 얻어진 것은 인간에 대한 올바른 지식과 조급히 서둘지 않는 관찰력을 길러 준다. 그러나 이와는 반대로 책이나 기술적인 교육방법으로서는 극히 어렵다.

그대 인간들이여, 어린이들의 관찰력을 오도(誤導)하는 것을 사소한 일이라고 생각하는가.

아니다. 모든 인간의 철학은 올바른 경험의 결과다. 그것은 확고하고 흔들리지 않고 올바르게 이끌어진 관찰력의 결과다.

우리는 인간의 여러 능력을 도야한다고 언어만으로 가르치고 있다. 그런데 여기서 생기는 결점은 가사에 종사시켜 얻어지는 발달에 비하면 다면적인 것이다.

사람은 언제까지나 공허한 꿈에 현혹되어서는 안 된다. 사람은 모두 인간적인 학습이라는 궁극적인 목적을 굳게 간직해야 한다. 즉, 인간을 각각 그 처지에서 만족시키는 일들을 이해해야 하며 수행해야 한다. 우리의 직업과 사명과 위치에 대하여 무엇이 본질적인 것인가를 진지하게 파악해야 한다. 그것을 훌륭하게 충족시킴으로써 일상생활의 행복과 평안을 얻을 수 있다.

그것은 단조로운 박자로 연주되는 지루한 가야금 소리이므로 참기 힘들다. 우리들의 가정을 본질적으로 안정시키는 데는 수천 가지의 일들이 있으나 우리는 이것을 똑바로 파악해야 한다. 우리들은 모두 경쾌한 춤과 천재적인 요술에 현혹되어 어린이들을 교육시키려고 했다. 그러나 이것으로 얼마나 많은 가정의 평안과 행복이 파괴되었던가. 그런데도 우리들은 여전히 꿈을 꾸고 있다. 그리고 우리 어린이들에게 사람이 행하는 모든 일을 치밀하게 직관시키며, 있을 수 있는 모든 일을 극

복하고 견디게 하며 그들의 생활을 완성시키는, 굳건한
질서를 기르게 하는 일을 소홀히 하고 있다.

  인간이 요설(饒舌)의 사명을 갖고 있는 것은 아니다.
그는 일하지 않고는 얻을 수 없는 빵을 필요로 한다.
그러나 인간은 요설에만 힘쓰고 빵은 소홀히 하고 있음
은 이해하기 힘든 일이다.

  인간의 경제적인 안녕은 맹목적인 요행에서 생기는
것이 아니고, 자신의 환경 속에서 슬기롭게 살게 하는
교육에서 비롯되는 것이다. 인간의 지혜는 자식에게까
지 빵을 가져다 준다. 그것은 자신의 의무를 다하는 생
활의 경험의 결과이며, 가꾸어진 극기력의 결과이다. 그
것을 완수함으로써만 인간에게 가정적인 안정이 온다.

  이렇게 인간의 처지는 각각 다른데 극기력은 그들 모
두에게 하나같이 필요하다. 그러나 이 극기력도 또한
어린이들을 일찍부터 그들의 가정에 빵을 가져오는 노
동에 익숙하도록 훈련시키는 데서 쉽고 자연스럽게 도
야된다. 이같이 어린이 속에서 인간을 만들어 낸다. 그
는 노년이 되어 어떠한 자리에 있게 되어도 안정감을
지니게 될 것이다. 그러나 이와 반대로 말만으로 교육
을 받은 어린이들은 노년에 가서도 아무 데서나 여전히
안정감을 지니지 못하게 된다.

  아! 우리들은 그들을 지식으로 조급하게 이끌고 있고

그 지식을 일찍 경험에 앞서게 하고 있다. 그것은 마치 알을 하나도 품지 않은 암탉에게 둥지를 고수케 하는 것과 같다.

많이 일하고 많이 경험하라. 또 그럼으로써 일반적인 법칙과 원리에 비추어 가장 능숙하게 일을 처리하라. 그러면 그대의 행로는 굳건할 것이다. 그대의 인생의 노정은 아무 때, 아무 곳에서나 그대에게 필요한 것을 지니게 될 것이며 그것을 응용할 수 있을 것이다.

그러나 경험의 성과인 이 모든 법칙과 원리를 머리로써만 일찍부터 채운 자는—그는 경험을 가지지 못했고 그의 생활은 그런 것이 아니었기 때문에—이 원리를 응용하려고 해도 되지 않는다. 왜냐하면 그는 그것이 추상된 원래의 사물을 모르기 때문이다. 그들의 세상에 대한 지혜는 도시의 어린이들이 시끄럽게 떠드는 것과 같다.

인간의 머리가 개개의 것을 관찰하고 종류와 모양을 구분하여 조사하고, 모든 사물이 갖는 서로 다른 면을 주의하도록 하라. 그러기 전에 일반적인 법칙을 다루게 되면 그대는 참된 진리의 감각과 모든 참된 철학적인 지식의 기초를 인간에게서 빼앗게 된다.

"먼저 수공(手工)을 익혀라. 가능하면 그후에야 그것에 관하여 논하게 하라."고 옛사람은 말했다. 그러나 우

리들은 어떠한가. 글을 가르치기도 전에 어린이들에게
예언을 시키고 있다. 일하기 전에 말하게 하고 있다. 측
량하기 전에 추측하게 하고 있다.

어린이들이 기술로 재주를 부릴 때 물론 우리는 즐겁
다. 그러나 그들이 노년이 되어 이 어린 시절의 놀음으
로 굶주리게 되면 비통한 일이다.

그러나 일반인의 생활과 서민 계급에 있어서는 이러
한 일을 여전히 옛사람들의 방법대로 하고 있다. 수공
업에 있어서 그들은 일을 할 뿐, 말을 하거나 사치를
하지 않는다. 공장의 책임자나 숙련공은 어린이들을 도
제(徒弟)로 맡은 이상, 그들이 일하지 않고 장난할 경
우 수공업은 노동으로 배워지며 말이나 장난으로 배워
지는 것이 아님을 깨닫게 하여 준다.

이러한 조장(組長)이나 숙련공은 모든 면에서 참으로
옳다. 인간의 행복을 첫 욕구로 도야하고 그것을 순수
한 가정의 지력(智力)에까지 높여 주는 유익하며 유용
한 진리의 인식은, 유년 시절에 노동을 통하여 개발되
는 것이다.

현세대는 가정적인 노동을 비웃으며, 그 기초 위에
선량한 시민 교육을 건설한다는 생각을 비웃는다. 그리
하여 그들은 학교에서 어린이들에게 인간의 사명이, 시
민의 권리가, 조국애가 어떠어떠한 것이라고 가르쳐 주

고 있다.

그대들의 자녀들이 부모에게 순종하며 일하고, 가족을 본받아 하느님을 찾도록 하고 겸손하게 거닐도록 가르쳐라. 그대는 그럼으로써 다른 어린이들이 입으로만 외우는 일을 그대의 어린이는 실행하는 시민이 되게 한다. 그리고 가장 중요한 진리를 따름으로써 현자를 만들게 된다. 또 자녀들을 훌륭하게 기르는 가장을 만들게 된다. 그러나 오늘날 우리들은 요설로 어린이들을 이끌어 그들의 오감(五感) 중에서 귀만을 채워 주고 있는 것이다.

이제 그대는 참된 교육을 하고 있으므로 현대가 요구하는 언어 교육도 진전시킬 수 있을 것이다. 왜냐하면 인간은 그가 확고한 발판 위에 지식의 기초를 세우고 있는 한, 어떠한 부문에서도 전진을 이룩할 것이기 때문이다.

3 교육론(B)

생활의 안정, 헛된 생각이 없는 인간의 눈동자, 기꺼이 거니는 산책, 격정의 조절—격정, 그것은 삶을 그 행로에서 혼란시키고 저해하고 불행하게 만드는 것이다—이러한 모든 것을 그대 안에서 길러야 한다. 그러기 위해서는 일찍부터 가정적인 즐거움을 맛보고, 그대의 주어진 신분 안에서 가정적인 의무를 다함으로써 위대함과 덕성(德性)과 지혜와 행복을 찾도록 어린이들을 가르쳐야 한다. 이 길 이외에 더 참되고 확실한 길은 없다.

인간이 어떠한 처지와 환경과 사정에 있다 하더라도 불가피하게 필요한 것은 건전한 이성이다. 이 이성은 어떠한 방법으로 단순하고 확실하게 개발되며, 어떠한 것으로 질서 있고 정밀하게 그리고 적당하게 조정되는 것일까. 그것은 가정적인 형편에서 나오는 욕구에 의해서 개발되는 길밖에 없다. 왜냐하면 그것은 이러한 방법으로 유용하고 친근하며 필연적이고 쓸모있게 다듬어져 가기 때문이다.

모든 사물을 온전하게 파악하는 단순하면서도 평온한

마음을 가져야 한다. 필요한 일에는 꾸준히 참아야 한다. 인간의 지혜와 위대성의 증거인 인내력을 그의 동포와 더불어 지녀야 한다.

그가 어떠한 결점을 가지고 있으며 어떠한 장애물이 있더라도 힘써 그의 목적을 향하여 전진해야 한다. 그는 인간의 성품을 견지해야 하며 자신의 소박성을 지녀야 한다. 그러나 이러한 모든 것은 가정적인 견지와 가정적인 질서에 의하여 강제당하지 않으면 이 세상 어느 곳에서도 확고하게 개발되지는 않는다.

그러므로 어느 한 사업을 활발하게 하여서 큰 성과를 얻은 사람들은 대개는 유년 시절에 기교에 흐르는 교육을 받지 않았던 사람 중에 많다. 인간은 가정적인 목적에는 하등의 관련도 없는 듯한 과학을 배운다. 그러나 모든 부문에서 가장 위대한 사람들은 하등의 기교도 없는 교육을 베푼 가정에서 태어났다.

우리는 모든 부문의 과학계에서 특출한 사람들을 볼 수 있다. 그런데 이러한 사람들은 유년 시절에 온전히 가정적인 처지에 적합한 교육을 받은 사람이다. 그들은 우선 육체와 두뇌를 성숙시켰다. 그후에 과학적인 지식을 지니게 된 것이다.

인간은 그가 어떠한 부문에서 살더라도 육체와 정신이 건강해야 한다. 그럼으로써만이 무엇인가 올바른 일을 할 수가 있다.

인간은 그가 어떠한 영역에서 살게 되더라도 육체와 정신이 건강해야 한다. 그럼으로써만이 그가 행복하게 될 수 있다. 그는 자기 신분에 맞는 지식을 습득하는 데 큰 장애가 되는 것과 몇천 번이나 싸워야 할 것이며, 자기의 직업과 취미를 위해서도 싸워야 하지 않겠는가. 건강 없이 어찌 불행한 위험에 빠지지 않겠는가.

그리고 인간을 가정적인 지혜로까지 도야시키는 것은 인간의 도덕적 및 신체적 건강을 이룩하는 최초의, 그리고 영원한 기초이다. 그러므로 이 두 개의 기초를 고수함으로써 그는 무엇인가 선을 행할 수 있는 기초를 얻는 것이다. 이와 반대로 인간에게 가정적인 지혜를 주는 교육이 결핍되면 그것은 영원히 불행과 비참의 근본 원인이 된다. 그리고 이 두 개의 건강이 모두 파괴됨으로써 그들의 불행과 비참은 그의 겨레 위에 미치게 된다.

내가 다음과 같이 말한다면 잘못이 될까. 우리에게는 가정적인 지혜가 결핍되고 건전한 이성이, 밝은 심정과 조용한 평안이, 아늑한 즐거움이, 처지와 마음가짐의 조화가 능력과 소망의 조화가 결핍되어 있다. 즉, 우리에게는 고귀한 소질과 우리에게 필요한 노력이 파괴될 징조가 있다. 우리에게는 신체와 정신의 건강이 내면적으로 조화를 이루지 못한다. 이것은 이 시대를 해명하는 본질적인 지표(指標)이다. 이것은 위대한 덕성의 전진을 근본적으로 가로막고 있는 것이다. 이 덕성은 가정적인 안정을 우리 겨레에게 가져오는 데 필요한 것이다. 이것은 또한 과학적인 지식의 전진을 가로막는 것이다.

다음과 같이 말하면 잘못일까. 그것은 식자(識者)의 지위를 진흙 속에 넣는 것이다. 이 무리들에겐 가정적인 도덕이 없다. 가정 교육이 없다. 몸에 힘이 없다. 능력도 없고 산업을 일으킬 기능도 없다. 간단히 말하면, 이들은 인간을 이 세상에 쓸모있게 만드는 모든 것에 연습도 없었고 경험도 없었다.

과학자들에게는 질서가 없고 인내성이 없고 확고한 것이 없다. 그들은 가정적인 지식이 없이 막연하게 산다. 따라서 혼란과 궁핍에 빠져 자기는 과학자인 채 노력하는 도중에서 불쌍하게도 일급(日給) 노동자나 조수로 타락하여 버렸다. 이러한 일들이 현대에 있어서 지식의 진보를 저해하고 있는 것이다.

가정적으로 교육을 받지 못했기 때문에 기술자들은 그들의 자유를 무질서 속에 버리고 일반적으로 희생물이 되고 있다. 이것이 기술의 발달을 막고 있는 것이라 하겠다.

아, 과학적으로 교육받았다는 사람들이 왜 학생들처

럼 산만할까. 그들은 비틀어지듯 앉아 있는 소년을 바로잡지 못하고 있다. 사람을 사로잡는 사람은 점점 적어지고 말을 사로잡는 사람은 나날이 늘어만 가고 있다. 이것은 참된 생활의 지혜를 우리가 믿지 못할 정도로 끝없이 방해하고 있다. 가장 중요한 과학적인 지식의 기초도 역시 학문적인 지도보다 가정생활을 착실하게 이끌도록 하는 교육 위에 터를 잡는 것이다.

소년 시기에는 자기의 손으로 나비를 잡아라. 그리고 산과 계곡을 뛰어다니면서 약초를 찾아라. 그렇지 않고 책상 위에서만 노력한다면 그 부문에서 별 진전을 얻지 못하리라. 그리고 어떠한 노력을 해도 이 부문에서 과오를 범하며 결함이 나타날 것이다. 그대의 손과 발이 유년 시절에 단순하고 자연스럽게 연습을 했고 익숙하게 처리할 줄 알았더라면 그대는 이렇게 되지는 않았을 것이다.

법률 학자들은 법령의 먼지 속에 묻혀 있다. 그들은 가정적인 행복과 가정적인 즐거움에 대한 유년 시절의 흥미도 없고 생활의 최초의 욕구에 대한 감정도 없으며 민중의 평강(平康)에는 무엇이 기초가 되는가에 대한 생각도 없다. 그들은 지구를 저주하면서 법정에서 붓을 놀린다. 순수하고 도덕적인 진리의 감각은 안방에서, 그리고 가정적인 진실과 배려를 통하여 길러지는 것이다. 이것을 일찍부터 교육받음으로써 법관은 그 직업에서 오는 과오를 벗어날 수가 있다.

목사여, 그대는 경건하고 신앙이 깊은 어머니를 통하여 신학의 근본 개념을 깊이 깨달았어야 할 것이다. 그렇지 않고 대학 시절에 그것을 깨달았다면 그대의 설교는 백 번 중에서 아흔아홉 번은 가난한 민중들이 자신의 계급을 행복되게 만든 순박한 생각과 충돌하게 될 것이다. 그리고 그대는 목자로되 그대의 양은 그대의 소리를 따르지 않으리라. 양은 그대의 소리를 모르기 때문이다.

다른 계급에 있어서도 모두 이와 같다. 군인도 그렇다. 그러나 그들은 이것에 대해서는 잘 믿으려 하지 않는다. 군인이라도 어린 시절에 순종성을 충분히 훈련받지 못하고, 청년 시절에 가정생활을 아늑하게 이끌도록 교육받지 못했다면, 그들 신분에 본질적으로 필요한 것이 결핍되어 있는 것이다.

이러한 가정적인 지혜의 교육이 우리에게는 결핍되어 있다. 그런데 그것은 다른 모든 면의 인간적인 지식과 직업, 다른 어떠한 과학적인 지도로 바뀌어지지 않는다.

인간 교육에 있어서 가정적인 지혜는 마치 나무의 주된 가지와 같다. 그 위에 여러 가지의 인간적인 지식과 학문과 삶의 사명이 접종(接種)·접목(接木)되어야 한

다. 그런데 이 중심 가지가 시들고 약해진다면 어떻게
되겠는가. 접종된 가지는 죽고 접목된 눈은 시들지 않
겠는가.

현대여, 이제 그대의 얼굴을 들라. 그리고 보라. 과학
의 꽃은 시들고 열매를 맺지 못했다. 나무의 중심 가지
가 썩었기 때문이다. 그리고 그대들의 지식은 어떠한
가. 사물의 표면만 보고 경탄하는 민중을 좌로 우로 유
혹하는 그대들의 지식은 가정적인 지혜와 가정적인 덕
성과는 담을 쌓고 있지 않는가!

현대여, 그대의 얼굴을 들라. 그리고 자신에게 반항하
면서 밝혀 다오! 그대들의 과학은 민중을 안정시키지
못하고 있다. 그대들 학자들은 무료히 앉아 있고 근심
때문에 고개를 숙이고 있다. 영원한 근심 때문에 고개를
숙이고 있다. 영원한 신경 쇠약증이 민중의 소년 시절에
약속했던 희망의 불꽃을 매장하고 있다. 그리하여 그들
은 불쾌해 하고 자신을 증오하고 자신의 직업과 신분에
불만을 느끼며 게으르고 쓸모없는 인간이 되어가고 있
다. 그리하여 수천이 넘는 그들은 인생을 가장 가련하게
허비하고 있다. 그들은 소년 시절에 가정적인 즐거움과
가정적인 교육을 충분하게 받지 못했기 때문이다.

학문의 시궁창에서 질식하고 있는 많은 무리들로부터
몽상가인 루소에 이르기까지, 모든 곳에서 인류의 역사

는 소리 높이 외치고 있다.

소년 시절에 질서 있는 가정의 그 굳고 아늑한 방에서 살지 못한 자, 부모에게서 생업을 조심스럽게 지도받고 준비 교육을 받지 못한 자여, 그대들은 아무리 많은 자산과 소질을 가졌다 할지라도 흔들리는 걸음으로 비참한 세계에 뛰어들게 될 것이다.

루소여, 그대는 봐랑 부인[1]의 품에 안겨 질서 있는 생활과 가정을 이룩하는 직분에 대한 의무감을 스스로 흐리게 하지 않았던가.[2] 그럼으로써 그대는 그의 괴로운 생애의 근원을 만들지 않았던가. 그대의 소질은 귀하고 크다. 그러나 가정적인 교육을 조금도 받지 못했기 때문에[3] 그대의 마음속 가장 깊은 곳은 추잡해지고 파괴되고 병들고 불만에 싸이게 되고 구할 도리가 없게 되었다.

루소! 그대는 그 귀한 생애에서 말로 못 다할 깊은 괴로움을 맛보았다.

이 점은 참이며 모든 사람들이 인정하고 있다. 그렇기 때문에 민중까지도 격언을 만들어서 그들의 확고한 견해를 밝히고 있는 것이다.

어떤 사람이 올바르게 처신하지 못했다고 하자. 또 어떤 사람이 교육의 부족으로 가장 중요한 일을 잘못 처리했다고 하자. 그때 옛사람들은 이러한 자에게 다음과 같은 말을 한다.

"너는 빵이 어디서 나오는지도 모른다."

그렇다. '빵이 어디서 나오는지도 모른다.'는 이 점이 내가 말하고 있는 현대 교육이 갖고 있는 결함의 본질적인 핵심이다. 도대체 빵이 어디서 나오는지도 모르는 인간에게 그가 지닌 모든 지식이 무슨 소용이 있다는 말인가.

자신의 가정적인 처지를 충분하게 보살피고 자신과 가족의 신분을 잘 지킴으로써 남에게 해를 끼치지 않게 하고 근심과 괴로움으로 병들지 않게 하라. 이것이 지상의 남성에게 주어진 첫째의 사명이다. 그대와 같은 남성들을 위하여 하느님은 여성을 창조하신 것이다.

그러나 현대 교육은 이 첫째가는 사명을 위한 단순한 교육에서 어린이들을 나날이 멀리하고 있다. 그러나 식생활의 대상은 참된 인간의 지혜의 첫째가는 대상인 것이다. 그리고 가장 된 자가 크게 힘써야 할 제일의 목표도 자기 가정의 식생활의 바탕을 자연스럽게 향상시키며 확보하는 데에 있다.

그러나 식생활의 바탕을 향상시키는 참된 지혜는 마땅히 시민 계급을 먼저 개명시켜 발전시키는 데에 있다. 그리고 더욱 크게 발전시켜 인간이 한편으로는 서로 의존하며 한편으로는 서로 독립되게 하는 데에 있다. 그것은 가장 단순하고도 굳세게 인간의 정신과 사랑을 도야하는 것이며 우리 겨레에게 행복을 가져오는 것이다.

그러나 현대에 유행하는 지혜는 어떤가. 가정적인 정신은 곳곳에서 날로날로 사라져 가고 있다. 우리는 날로날로 직업에서 멀어지고 모두 머리로만 세상의 박식가가 되어가고 있다. 현대에 유행하는 지혜와 민중의 개명(開明)이란 무엇인가. 그것은 왕정 아래 있던 시민을 무정부주의적 원리의 갈망자가 되게 하고 있다. 그것은 공화정체 아래 있던 시민을 왕권의 아첨가로 만들고 있다. 이것이 현대에 유행하는 지혜다. 귀족의 가정에서는 어린이들에게 상인들이 하는 모험을 가르쳐서 멸망시키고, 한편 상인들의 가정에서는 어린이들에게 기사(騎士) 교육을 시킴으로써 멸망시키고 있다.

현대에 유행하는 지혜는 무엇인가. 그것은 가정적인 감각이 없고 사내다운 기혼(氣魂)이 없고 속 깊은 인간성과 사랑이 없다. 그들은 진실이 없는 언어에만 맴돌고 있다. 그것은 모든 곳에서 민중의 귀한 복락과 인간의 참된 정의를 언어의 주석으로 혼란시키고 있다. 그들은 만담으로 모든 것을 희생시키고 있는 것이다. 그것은 시민의 정신을 이기적이며 협애(狹隘)하고 천하고 어버이답지 않게 만들고 있다. 그것은 자녀의 마음을

파괴함으로써 시민들이 조국에 대하여 무관심하게 되거
나 그들이 태만한 정객이 되게 하고 있다. 정객은 나라
의 어버이를 망은(忘恩)으로 갚게 하고 악의 있는 즐거
움으로 그들을 병들게 하고 있다. 그것은 시민들의 마
음을 천민들에 대하여 냉랭하게 하고 또 잘 속는 순박
한 사람들에게도 냉랭하게 한다.

그것은 국민의 복지를 당파의 유희로 생각한다. 그리
하여 저희들끼리 충돌해서 모든 시민의 복락을 빼앗아
버린다.

이것이 현대에 유행하는 지혜인 것이다. 그들은 우리
에게 모든 것을 가르친다. 그러나 우리가 어떻게 올바
른 빵을 얻어야 할 것인가, 또 어떻게 안정된 가정적인
복락을 얻을 수 있을 것인가에 대해서는 가르치지 않는
다. 현대의 지혜는 가난한 생업을 무시하고 금전을 낭
비하게 하고 있다.

그로 인해서 우리들은 비굴해졌다. 우리들은 서로 싸
우고 아첨하게 되었다. 우리들은 허리를 굽히고 굴복한
다. 간단히 말하면 우리들은 훔치고 구걸하여 빵을 먹
는다. 왜냐하면 우리는 빵을 얻는 방법을 배우지 못했
기 때문이다. 그러나 우리는 발버둥쳐도 되지 않는다.
왜냐하면 가정적인 마음이 사라진 이상, 굴복하고 굽히
며 훔쳐도 오래 견디지 못하기 때문이다.

가련한 시대여! 그대의 어버이들은 얼마나 심하게 희극적인 생활에 빠져 가고 있는가!

제군들이여, 그대의 역할을 잘 수행하라. 그러나 연극이 끝나기 전에 어린이들을 보살펴라. 왜냐하면 그대들은 어린이들이 스스로를 보살필 수 있게 교육시키지는 못했기 때문이다. 나는 그대에게 진정으로 바란다. 비가 쏟아지기 전에 어린이들을 지붕 밑으로 미리 데려오라고.

나는 기꺼이 여러분에게 고백하고자 한다. 한 번 이렇게 된 이상 그대들은 어떻게 해도 다르게 될 수는 없다. 또한 다른 행동을 할 수 없으며 되지도 않을 것이다. 그러나 나는 슬프다. 그대들이여, 빨리 연극에서 빠져나와 다오! 나의 이 소원만은 들어 다오. 그대들은 어린이들에게 복권을 뽑게 했다. 요행히도 그 복권이 맞아 그대가 원하던 것이 굴러오고 그대와 어린이들이 즐거워하고 있다고 하자. 그러나 바로 그 순간부터 그대의 동시대인과 후세 사람들에게 그대는 비굴하게 된다. 가슴이 답답하며 현기증이 일어나게 될 것이다. 그대는 부자연스러운 생활을 하게 되고 몸을 굽혀 아첨하게 된다. 그대는 연극이 끝날 때까지 기어야 한다. 그대는 그대의 편견을 어떻게 알겠는가. 그대들이 과대하게 요구하고 있다는 것을 그대들 스스로가 알고 있지 않는가. 나는 이러한 편견을 너무나도 자세히 알고 있다.

가련한 시대여! 소위 교육을 잘 받았다는 세계에서 이러한 비가정적인 생활의 연극이 종말을 고할 때까지 그대들은 얼마나 더 깊은 수렁에 빠질 것인가! 그들은 연극에 열중할 것이다. 그리고 펠나이[4]에서 나온 학파와 같이 많은 맹목적인 추종자를 가지게 될 것이다.

"물론이다. 나는 무신론자다." 이렇게 그 학파의 바보는 말했다. 그는 화랑(畵廊)에 자기가 전시되기를 기대했으나 주의를 못 끌게 되자, 불친절한 서기관에게 자기를 세워 둔 화풀이로 이렇게 말했다.

그리고 바로 이 학파에 속하는 시장(市長)의 한 사람은 자기 나라의 한 어버이가 신과 종교에 대하여 이야기하자 담 너머까지 들리게 크게 외쳤다. "나는 모르겠다. 신과 종교 따위가 이 자리와 무슨 관계가 있느냐?"고. 이 시장은 자기가 믿고 있는 철학을 과시하려고 했던 것이다. 이 시장의 조국은 그 나라의 어버이와 더불어 신과 종교가 어떠한 관계에 있는가를 알아야 할 것이다.

그러나 이 시대의 소위 좋은 교육을 받았다는 사람들은 아직도 모르고 있다. 군건하고 꾸준하고 순수한 생업 노동이 인간의 참된 지혜와 덕성에 얼마나 큰 영향을 끼치는 것인가. 그러면서도 그들의 자녀들은 그것

을 잘 안다고 말한다. 〔1782년〕

㊟

1 루소가 10살 때 아버지는 어느 군인과 싸워 집을 버렸고 형은
가출했다. 루소는 잠시 목사집에 의탁되었으나 2년 후에 조금
직(彫金職) 도제(徒弟) 생활에 들어간다. 그는 천성적인 방랑
버릇으로 한 곳에 오래 머물지 못하고 이곳 저곳, 이일 저일을
거치다가 21세 되던 해 33세의 봐랑 부인을 알게 되어 그녀의
가슴에 안겨 방랑 생활에 종지부를 찍고 이후 10년간 동서 생
활을 하게 된다. 21세의 루소는 33세 된 이 봐랑 부인에게서
모성을 발견하고, 여성을 발견했던 것이다. 루소는 '마음'과 '관
능(官能)'을 동시에 채워 주는 부인들을 찾아 평생 여성을 편
력했다. ≪참회록≫에 나오는 애인만도 4명이나 된다.

2 루소는 하숙집에서 빨래 담당 식모로 있던 9살 아래인 테레제
라는 여성과 알게 되어 1745년에서 1755년에 이르기까지 10
년 동안에 5명의 자녀를 낳았는데 하나도 키우지 않고 양로원
앞에다 버렸다. 루소는 이 사실을 ≪참회록≫에서 고백하고 있
다. 그가 너무나도 유명한 교육론 ≪에밀≫을 쓴 것도 실은 어
버이로서의 가책감에서 오는 보상 행위의 소산이었을 것이다.

3 루소가 이렇게 방자하고 부도덕한 생활을 하게 된 원인은 따
뜻한 가정 교육을 받지 못한 데 있다. 그러나 우리는 루소의
퍽 아름다운 측면을 간과해서는 안 된다. '버리지도 않을 것이
며 정식으로 결혼하지도 않을 것'이라는 약속 아래 사귄 이 테
레제 부인을 퍽 불쌍히 여겨, 자신의 죽음이 임박해 옴을 예감
하자, 약속을 어기고 정식 결혼식을 올리고 유언장에 유산 상
속 수속도 해놓았던 것이다. 우리는 이 일화에서 절벽과 심연
사이에 핀 한 송이 꽃을 보는 듯한 감동을 받는다. 무식한 여

성과 장난기로 사귀었지만, 루소의 표현에 의하면, '무식하나 얌전하고, 우둔하나 감수성이 예민하고, 소박하며 우쭐대지 않는' 이 테레제에게 만년에 가서는 그도 인간으로서의 성실성을 다하여 보답한다. 역시 루소에 있어서도 여성이 남성의, 가정이 인간의 마음의 고향이었던 것이다.

4 프랑스의 볼테르 일파를 총칭.

4 종교에 대하여(A)

인간은 자기를 위하여 신(神)을 믿는다.[1] 왜냐하면 인간이 신을 믿든가 믿지 않든가는 신에게는 아무 관계가 없기 때문이다. 인간이 동물과 같이 땅에 붙어 산다면 무엇이 인간을 방황하게 하겠는가.

보라, 주님은 세상을 파멸시키기도 하고 넓은 하늘에서 태양을 소멸시킬 수도 있다.

그러므로 인간이라고 하는 그의 헛된 자녀들이 헛된 예배를 그에게 드린들 무슨 소용이 있는가.

도리어 인간이 주님의 축복을 받는 것이다.

죽음이 있는 자는 전능한 자의 은총의 품에 안긴다.

젖을 먹는 어린이는 어머니의 품 안에서 환희를 즐기며 어머니에 대한 자기의 믿음을 웃음으로 보여 준다. 이와 같이 지상의 인간도 자기 신앙을 전능자에게 바친다.

그러나 인간의 자녀가 말을 하게 되어 자기 마음속의 감사를 말로 표시하게 되면 그때부터 그 순박하고 웃음에 찬 꽃에는 밝은 빛이 줄어든다. 이와 같이 인간이 신에 대하여 말을 많이 하면 그는 신에 대한 인간의 신앙을 잃게 된다.

죽음이 있는 자가 신에게 무슨 말을 하리오. 그는 다만 신에게 다음과 같은 말만을 해야 할 것이다.

'신은 선하다. 신은 아버지이시다. 감사 위에 감사를 그에게 드릴지어다!'

인간이 신에게 이 이상 무엇을 알며 이 이상 무엇을 말할 수 있는가!

지상의 만물은 소리를 합하여 다만 다음과 같이 말할지어다.

'그는 선하다!

그는 아버지이시다.!

그리고 감사 또 감사!'

그리고 입을 다물고 기도드려라. 그리고 그의 영원한 은총과 죽음의 피안(彼岸)에 있을 광명을 믿고 소망하라.

그러나 땅의 인간은 눈에 보이는 것만을 익혀 왔기 때문에 눈에 보이지 않는 것으로는 만족하지 않는다.

그리하여 그들은 진토(塵土) 속에 남아 있는 영원한 자의 발자취와 그의 은총과 진노(震怒)의 흔적을 숭상한다. 마치 그것이 신 자체인 것처럼.

인간은 자기를 구원한 자의 모습을 천사의 모습으로 그리며 자기의 불행한 운명을 자기가 미워하는 인간의 모습으로 그리고, 또 자기가 멸시하는 동물의 발톱 같은 흉측스런 모습으로 그린다.

그러나 인간은 태양이 뜰 때와 추운 북쪽으로 해가
질 때와 무더운 한낮에서는 각각 달라진다. 마치 이 하
늘 아래 땅의 뭇 식물이 다른 것처럼.

태양은 지대와 극(極)으로 인간을 다르게 만들었다.
마치 들의 초목을 달리 만든 것과 같이.

인간의 종족은 동식물에서와 같이 이국(異國)의 하늘
아래서는 각각 다르다.

그리고 인간의 신에 대한 신앙도 종족이나 식물이 다
른 것처럼 이 지상에서도 저마다 각각 다르다.

왜냐하면 주님의 은총의 흔적과 그가 진토에 남겨 놓
은 전능의 발자취는 하늘이 달라짐에 따라 각각 달라지
기 때문이다. 그러므로 각각 다른 하늘 아래에서는 영
원자의 모습도 다르다.

온대에서 사는 인간이여, 뜨거운 태양에 곱슬머리가
된 그대의 형제들과 또 추운 북녘바람에 머리가 납작해
진 그대의 형제들이 제각기 다르게 믿는 신의 상(像)을
비웃지 마라. 이것은 그대가 참견할 일이 아니다.

하늘에 계시는 주님은 가련한 벌레에게, 자기를 먹여
주고 보호해 주고 의지하게 해주는 관목(灌木)을 그들
이 숭상할 것을 기꺼이 용납하여 주셨다.

주님을 섬기는 데서 저질러지는 오류는 진토에서 사

는 인간의 숙명이다.

어느 누가 눈에 보이지 않는 것에 순수한 예배를 온전하게 바칠 수 있다는 말인가.

어느 누구의 영혼이 영원한 것을 섬기는 예배 과정에서 헛된 우상을 가지지 않을 수 있는가.

벌레여, 너를 길러 주는 식물을 통해서 신께 감사하라. 식물의 모습을 넘치는 은혜로 여기고 섬겨라. 그 식물 안에서 네가 살고, 거닐고, 존재하지 않는가.

그러나 벌레여, 장미에 붙은 벌레여! 너는 장미를 갉아먹으면서 감사하라. 너의 형제가 배추나 무의 잎을 먹거나, 버드나무의 꽃망울을 먹거나, 들의 잡초를 먹거나 화내지 마라!

너의 형제들은 자기들이 먹는 배나무의 잎과 버드나무의 꽃봉오리와 땅의 잡초로 인해 신을 발견하고 숭상하고 있지 않은가. 너의 형제들도 너만큼 생각이 있고 그들의 신에 대한 예배도 너의 것만큼은 노력이 있다.

인간이여, 그럴진대 너의 형제들이 너와 같게 예배를 드리지 않는다고 해서 왜 네가 미워하는가.

가련한 자여, 네가 격정에 견디지 못하겠으면 네 병을 고쳐라. 신의 이름을 빌려 너의 형제를 속이는 것은 바보와 같다. 그와 너는 주님의 발자취를 각각 다르게 밟았기 때문이다.

오! 그대 인간들이여, 그대들은 주님을 각각 다르게 섬기고 있다. 그러나 그대들은 각각 올바르게 주님께 예배하고 있는 것이다. 그대들이 그대의 아버지의 자녀로 머물러 있고 서로 사랑하고 서로 돕고, 신에 대한 예배가 각각 다를지라도 인류애에는 일반적으로 화합하여 그것을 성스럽게 한다면.

그대 인간들이여! 그대들은 왜 신께 예배드리고 신의 역군(役軍)과 천사 앞에 무릎을 꿇는가. 그대들 자신이 성스럽게 되고 순수하게 됨으로써 욕정과 죄의 폭력을 이기기 위한 때문이 아닌가. 인간이 신을 따르지 않고 신에게 봉사하지 않으면 않을수록 모든 인간은 이 죄와 욕정 앞에 굴복하게 되는 것이다.

인간이여, 그러므로 신에 대한 봉사는 그대 자신의 보루이며 그대를 위험에서 막는 방파제이다.

오! 인간이여, 신에 대한 예배는 그대 자신에 대한 봉사다.

그러므로 오! 죽음이 있는 자여, 그대의 신에 대한 예배는 그것이 그대에게 얼마나 유익한가의 정도에 따라 달라지게 되는 것이다.

인간이여, 그대를 구원하고 그대가 죄를 범하지 않게 하는 것이 그대의 예배의 목적이다.

그리고 그대가 그리는 신의 상(像)과 목사의 설교도 그 중심은 이 궁극적인 목적만을 행하여야 할 것이다.

오! 인간이여, 신과 구속자(救贖者)는 그대들의 욕정을 극복하게 함으로써 그대들을 인생의 진정한 지혜로까지 드높이려 하며 그대들이 이 인생의 지혜를 통하여 참된 봉사를, 눈에 보이지 않는 것에 대하여 할 수 있게 그대를 높이려 한다.

그러므로 그대가 그대 자신을 눈에 보이지 않는 것에 대하여 참되게 봉사하는 정도에 따라 꼭 그 정도로 그대는 이 진토를 벗어나서 자녀 된 인간이 숭상하는 주님의 발자취를 더듬어 올라가게 된다.

그러나 오! 인간이여, 그대는 이 지혜의 신전에서 가장 낮은 자리에 섰을지라도 다음과 같은 말을 귀담아 들어라.

인간에게는 사랑이 참된 신에의 봉사다. 이 사랑을 통해서만 인간의 참된 신앙은 솟아나온다.[2]

사랑만이 인간을 생으로 이끈다.

사랑이 없는 곳, 그곳에는 죽음과 타락이 땅을 덮는다.

사랑이 없는 인간에게는 소망이 없다. 시기와 증오와 분노에 얽매인 그대를 공포가 뒤쫓는다.

자기 형제를 사랑하지 않을 때 인간의 가장 좋은 힘까지도 마비되어 버린다. 그리고 하느님을 섬기지 않을 때 인간은 자기 형제를 사랑하지 못하게 된다.

오! 인간이여, 그러므로 명심할지어다. 하느님을 잃는 것은 사망과 허탈을 인간에게 가져오는 것임을.

[1782년]

㊟

1 페스탈로치의 종교관에 대하여는 많은 연구가 있지만, '처녀 탄생·속죄·부활'이란 소위 기독교의 3대 교리를 그대로 교리적으로 믿는 정통적 교회 신자가 아니었다는 점에 일치를 보고 있다. 그러나 그는 하느님에 의한 인간의 피조성(被造性), 그리고 하느님의 선한 속성을 이어받은 인간의 고귀성을 믿는 점에서는 정통적 기독교인 못지않았다. 이 구절은 퍽 오해가 있을 수 있는 구절이기에 '은자의 황혼'에 나오는 그의 정통적 기독교 사상을 보완해서 읽어야 할 것이다. 이 구절의 뜻은, 신앙은 인간이 신에게 영광을 돌리기 위하여 필요한 것이 아니고 인간이 자기를 완성하기 위하여 필요한 것이라는 뜻이다.

2 기독교의 3대 덕목은 '믿음·소망·사랑'이다. 한편 페스탈로치는 믿음(Gla-uben)·순종(Vertrauen)·감사(Danken)·사랑 (Lieben)을 4대 덕목으로 보고 있다. 그러나 기독교에서도 '사랑'을 최고의 덕으로 보는 데에는 완전히 같다. 한편 동양철학에서도 5덕목을 '인(仁)·의(義)·예(禮)·지(智)·신(信)'으로 잡고 '인(仁)'을 역시 최고의 덕으로 보고 있는데, '인'은 실은 '사랑'을 말하는 것이다. '인'은 '어질 인' '사랑 인'이라고도 읽고, '사람 인'이라고도 읽는다. 즉 '인(仁)'이란 '두 사람이 있는 곳에 반드시 발동되는 사람의 기본적인 정신작용'인 것이다. 그러나 그리스 철학에서는 좀 다르다. 여기에서는 4대 덕목을 '절제(節制)·용기(勇氣)·지혜(智慧)·정의(正義)'로 보고 있다. 생산 계급은 절제심을, 군인 계급은 용기를, 철인 계급이 지혜를 발

동할 때, 나라 전체로서 정의가 실현된다는 것이다. 그리스 철학에서도 예를 들면 ≪향연편≫에서 보듯이 '사랑'이 퍽 중요한 기능으로 논의되지만, 그리스 철학에서의 '사랑'은 '에로스'로서, 완전성과 가치성에 대한 '동경·추구심'을 말하는 것이지, 기독교의 '사랑'(아가페)에서처럼 약한 자에 대한 측은한 사랑도 아니요, 동양철학에서처럼, 사람에게 발동되는 것(필리어)도 아닌 것이다.

5 종교에 대하여(B)

신을 잊어버리면 그대는 그대 자신을 잊어버린다. 왜냐하면 오! 죽음이 있는 자여, 신의 사랑은 그대의 생명이기 때문이다. 사랑은 머리의 힘과 가슴의 힘을 맺어 주는 유대다. 이러한 성스러운 힘의 유대가 풀어지면 그것은 파멸의 근원이 되는 것이다. 그리고 이 파멸은 죄를 낳는다. 오, 인간이여! 이 죄로 인하여 그대는 죽는다. 그러므로 인간이여, 생명의 근원을 가꾸고 고귀한 힘의 유대를 보살펴라. 그리고 신을 사랑하여라.

오, 죽음이 있는 자여, 그대의 주위를 살펴보아라. 그리고 신을 사랑하지 않는 인간들이 어떠한 것인가를 숙시(熟視)하여라!

그를 땅의 왕좌에 앉혀라. 그리고 모든 인간 위에 군림하는 권력을 그에게 주어라. 그리고 그에게 이 세상의 바다를 지배케 하고 넓은 해안이 모두 그의 왕홀(王笏) 아래 굽히게 하여 보아라. 그러나 신의 사랑이 없게 그자를 버려 두어 보아라. 그러면 그자는 자기 나라의 믿음이 좋은 거지도 자기보다는 행복하다는 것을 알게 될 것이다.

그를 더욱 높여 보라. 그에게 천사의 지혜와 땅에 없
는 슬기로움을 주어 보자. 그리고 그의 권력을 튼튼하
게 하여 누구도 그의 지배에 반항하지 못하게 하여 보
자. 그리하여 그를 행복하게 만들고 온 세상에서 아무
도 그의 뜻을 거슬리지 못하게 하여 보자. 그러나 그를
신의 사랑에만은 불안전하게 놓아 두자. 그리고 생각하
여 보자. 과연 우리는 그와 같이 되기를 원할까. 아니
다. 왜냐하면 우리는 영혼이 맑고 나날의 생활이 잔잔
할 것을 원하기 때문이다.

그리고 또 그에게 순박하며 사랑에 넘치는 심정을 주
어 보자. 그러나 신만은 잊게 하여 보라. 그러면 그는
그 심정을 잊어버리고 자신을 원망한 나머지 쇠약해질
것이다.

왕좌 위에 앉은 사람도 초가에 사는 사람과 같이 신
을 필요로 한다. 옥좌 위에서나 초가에서나 땅의 자녀
가 신을 잊어버린다면 그들은 대지 위에 버림받고 던져
진 동물이 될 것이다.

그는 자기 자신을 증오한다.

그는 자기 자신을 파괴한다.

땅 위에서 숨쉬는 것 중에서 자기 자신을 증오하는
동물은 인간밖에 없다.

모든 동물 중에서 자기 자신의 내장을 찢는 것은 인간밖에 없다. 신을 잊어버린 인간이여, 그대만이 자신을 증오하고, 그대만이 자기 자신을 파괴한다.

주위를 돌아보고 살펴보아라. 동물이 죽음을 슬퍼하느냐? 동물이 자기의 피를 마르게 하고 자기 뼈를 스스로 깨뜨리도록 미쳐 날뛸 수 있느냐? 그리고 욕정 때문에 자기 자신이 고갈되는 동물을 그대들은 보았느냐?

신을 섬기지 않는 인간만이 자기의 내장을 찢고 자기 자신을 마멸(磨滅)한다.

생명의 유대는 덕성의 유대다. 그러나 인간이 신을 섬기지 않는 곳에서는 이 유대도 끊어진다.

보라, 신을 잊은 소년의 꽃을. 그의 아름다운 시절은 번개와 같이 사라진다. 어둡게 흐린 날씨에 그 빛은 밝았다. 그러나 하늘에서 천둥이 일고 죽음의 햇살이 내리쬐이는가 하면 서리가 내려 그 열매와 꽃을 떨어지게 한다. 신을 잊은 소년의 꽃은 이와 같이 떨어진다. 또 처녀가 부인이 되기 전에 수심(愁心)이 소녀의 얼굴을 주름잡는다. 그리고 욕정(欲情) 많은 소년은 그가 사내로서의 표지를 보기 전에 기력이 고갈되어 버린다.

그렇다. 그들은 시든다. 신을 섬기지 않는 인간의 꽃들은 시든다. 그들은 봄철의 꽃들과 같이 시들고 죽는다. 그것은 마치 안개에 숨이 막히고 거센 강풍에 떨어지는 꽃과 같다.

그러나 다행히 그 꽃이 떨어지지 않았다고 하자. 그리고 신을 잊은 이 소년이 백 명 중에 하나가 되는 요행으로 무사히 성장하여 어른이 되고 늙은이가 되었다고 하자. 그러나 신을 잊은 자들은 그들의 성장에 비하여 많은 괴로움과 쓰라림을 맛보게 된다.

남성이여, 그대의 아내를 보면 주(主)의 천사(天使)로 받들어라. 그대는 천사의 손에 이끌려 전능자를 숭배하게 되지 않는가.

남성이여, 젖먹이의 순박한 모습 속에서 신을 발견하라. 그러면 그대는 해가 뜨는 시간에도 평화를 맛볼 것이며 해가 지는 순간에도 평화를 맛볼 것이다. 그대는 추수의 즐거움 속에서도 평화를 맛보며, 봄의 속삭임과 거지의 눈물 속에서도 평화를 맛볼 것이다.

흘러가는 모래 위에 사는 인생도 있다. 그것은 낮고 깊지 않은 흐름에도 움직인다. 믿지 못할 모래는 모여 산이 되는가 하면 아무것도 없었던 것처럼 다시 흩어져 버린다. 그 모래에 가까이 가다 배는 좌초되고 심연에 빠진다.

이것이 신을 섬기지 않는 인생의 모습이다. 노년의 우울한 모습에 그들은 공포를 느낀다.

이제 밤은 깊었는데 잠은 오지 않는다. 신이 없이 자

란 탐욕한 무리들이 이제 그의 죽음을 기다리고 있다. 그리고 약탈하려 한다. 자기 자녀까지도 늙은 아버지의 야윈 모습을 비웃는다. 그는 땅의 허무한 것에 매여 있을 뿐 자기 앞뒤에는 아무것도 없다.

오! 인간이여, 이때에 비로소 그대는 신 없는 인간이 무엇인가를 알게 될 것이다. 그는 땅 위에 아무것도 남기지 못했다. 하늘에 아무 소망도 두지 않았기 때문이다. 그러나 신을 섬긴 자는 땅 위에서도 모든 것을 갖게 된다. 모든 것을 하늘에 소망했기 때문이다.

그에게 태양은 비추며 그의 머리 위의 하늘에 뭇 별은 반짝인다. 그에게 아침의 꽃은 향기를 발한다. 장엄한 낮도 그의 것이며 아늑한 황혼도 그의 것이다. 그리고 휴식을 하라고 신이 선물로 주시는 밤도 그의 것이다.

젊은이의 눈은 환희에 빛나고 사내의 이마는 엄숙하면서도 밝다. 늙은이의 주름은 다가오는 죽음의 시간을 앞두고 평화를 간직한다.

부드러운 소녀는 보살핌을 잘 받고 신의 무서움을 알게 가꾸어지고 봄철의 아름다운 날을 즐기게 된다. 그리하여 꽃봉오리가 고이 가꾸어져 아름다운 장미가 피듯이 그들도 아름답게 피어 오른다. 겸손과 평온은 신을 섬기는 여성의 미덕이다. 가장의 일은 신을 생각하는 여성의 손에서는 환희를 가져온다. 그들은 자기의 남편과 자녀들을 위하여 일을 하기 때문이다.

오! 인간이여, 그대가 신을 두려워한다면 축복된 생활은 그대의 것이다. 그리하여 임종의 순간에 하늘과 땅이 전부 그대를 위하여 만들어진 것임을 깨닫게 될 것이다.

그대는 이 대지를 흡족하게 맛본 다음 대지와 작별한다. 그대들은 그대를 본따 대지를 즐기도록 자녀들을 교육시켜 놓았다. 이제 그대는 조용히 기쁜 마음으로 죽음의 아늑한 골짜기에 들어선다. 그대는 신을 알며 신을 섬김으로써 쌓아 둔 그대의 덕을 믿기 때문이다.

〔1782년〕

6 슈탄스 고아원에서

친구여!

나는 다시 꿈에서 깨어났습니다. 그리하여 나의 사업이 무너지고 나의 약한 힘이 헛되게 소모되었음을 다시한 번 깨달았습니다.

물론 나의 시도는 약했고 불운하였습니다. 그러나 동정심을 가진 사람은 잠시라도 기꺼이 이 사업의 자초지종을 귀담아 들어 주시리라. 그리하여 내가 놓치지 않으면 안 되었던 곳에서 나의 소원의 끈을 행복하게도후대의 사람들이 다시 이어 주시리라. 나는 이렇게 확신하고 있습니다. 그 이유도 그들은 역시 기꺼이 납득해 주시리라 믿습니다.

원래 혁명이란 것은 모두 인간성이 거칠어지는 데서나온 당연한 결과라고 나는 생각했습니다. 그러나 거칠어진 인간을 차분하게 하고 가장 본질적인 문제로 그들을 되돌리게 하려면 혁명에 의한 파괴도 불가피하게 필요하다고 나는 여겼습니다.

원래 나는 이러한 군상(群像)들이 만들어 내고자 한

외면적 정치 형태 따위는 믿지 않았습니다. 그러나 그들이 논의하는 개념과 그들이 말하는 관심사 중에는 인간에게 이로울 것도 있으리라고 여겼습니다.

그래도 나는 일찍부터의 소원이었던 국민 교육을 그들에게 외쳤습니다. 그리고 특히 내가 생각했던 바의 전 구상을 당시 스위스 장관의 한 사람인 르그랑[1]에게 호소했습니다. 그는 흥미를 가졌습니다. 그뿐만 아니라 공화국에는 교육 제도의 개혁이 불가피하게 필요하다고 나에게 찬동하였습니다. 그리고 다음과 같이 의견이 일치되었습니다. '국민 도야에 최대의 효과를 거두려면 농촌에 있는 많은 가난한 어린이들을 교육시켜야 한다. 단, 그들을 그들의 계층에서 벗어나게 교육시키는 것이 아니고 그들의 계층에 매여 있게 교육시켜야 한다.'

나는 소원을 이 점에 두었습니다. 르그랑 씨는 여러 모로 이 견해를 도와주었습니다. 드디어 그는 다음과 같이 말했습니다.

"내가 장차 퇴직하게 되더라도 당신께 이 일만은 맡기고 퇴직하리라."고.

나는 《린하르트와 게르트루트》의 제3부·제4부에서 내가 꾀했던 빈민의 공교육(公敎育)에 대하여 자세히 진술했습니다. 그러므로 여기서 다시 그 내용을 되풀이하지는 않겠습니다. 나의 소원이 가까운 장래에 이루어진다는 희망에서 그 계획을 슈타파[2] 장관에게 말했습니다. 그는 이 계획을 성실하게 도와주셨습니다. 그는 고결한 사람이었고 국민 도야의 필요성을 가장 본질적이고 높은 입장에서 이해한 사람이었습니다. 내무부 장관 렝거[3]도 도와주었습니다.

나의 계획은 다음과 같았습니다. '나의 목적을 달성하기 위하여 취리히나 알가우 지방을 택한다. 그리고 공업·농업에 적당한 외부적 교육 수단을 결합시킨다. 그러므로 나의 교육시설을 확장하여 목적을 이룬다.'

그러나 운더발텐의 재난[4]은 내가 택할 지방을 결정하여 주었습니다. 정부는 이 지방의 부흥을 긴급한 일로 여겼습니다. 그리하여 이곳에서 나의 계획을 시도해 보라고 요청했습니다. 그곳은 모든 것이 부족하여 계획을 성공시키는 데 필요한 것이 없었습니다. 그러나 나는 갔습니다. 농민은 순박할 것이며 그들은 비참한 처지에 있으므로 고마워 할 것이라고 나는 생각했습니다. 나는 가슴이 벅찼습니다. 나의 생애의 큰 꿈이 이제야 시작되려는 것이었습니다. 그 일을 누군가가 나에게 시켜 준다면 나는 불도, 물도 없는 최고의 알프스 산에서라도 시작했을 것입니다.

정부는 슈탄스에 있는 여수도원을 나의 거처로 정해 주었습니다. 그러나 건물은 아직 완성이 안 되었고 또

많은 어린이들을 수용하는 고아원으로 사용하기에는 부
적당했습니다. 나는 무엇보다도 건물을 쓸모있게 고쳐
야 했습니다. 정부에서는 이 일에 필요한 자재를 대주
었고 렝거는 비용과 노력, 그리고 노동을 아끼지 않았
습니다.

　그러나 의욕과 원조가 많다고 하더라도 이러한 설비
를 준비하는 데에는 많은 시간이 필요했습니다. 그리고
불량한 어린이들과 참혹한 재난으로 고아가 된 많은 어
린이들을 우선 돌봐야 할 형편에 있었기 때문에 시간이
더욱 필요했습니다.

　돈 이외에도 모든 것이 부족했습니다. 부엌·방·침대
등이 마련되기도 전에 어린이들은 밀어닥쳤습니다. 그
것은 생각하지도 못했던 큰 혼란이었습니다. 처음의 수
주일간 나는 8평방미터도 못 되는 방을 사용했습니다.
습기찬 공기와 고르지 못한 기후가 겹쳤습니다. 벽과
복도는 먼지로 덮여 그것은 처음의 불쾌했던 감정을 더
하게 했습니다.

　처음에는 침대도 부족했습니다. 그리하여 저녁에는
몇 명의 어린이들을 집으로 돌려보낼 수밖에 없었습니
다. 그들은 다음날 아침이면 이와 벼룩을 지니고 돌아
왔습니다. 처음 어린이들이 이곳에 들어올 때의 모습은
비참, 그것이었습니다. 그것은 인간성을 극도로 무시당

한 데서 오는 필연적인 결과였습니다. 걸음도 제대로 옮길 수 없는 가려움 병에 걸린 어린이, 머리에 종기가 터져 고름이 나오는 어린이, 이와 벼룩이 들끓는 누더기를 걸친 어린이, 해골처럼 여윈 어린이, 영양부족으로 얼굴이 누렇게 부은 어린이, 그리고 불신과 불만으로 가득 찬 어린이들이 많았습니다.

그리고 또 구걸·위선·사기에 능한 어린이와 가난에 쪼들리어 인내심은 있으나, 의심 많고 사랑할 줄 모르고, 의구심 많은 어린이들이었습니다.

또한 그 중에는 부유한 가정에서 자란 어린이도 많았습니다. 그러나 그들은 고아나 가난한 어린이들을 경멸했습니다. 그들은 이 고아원에서 고아들과 같이 대우를 받는 것이 그들이 누리던 향락과는 차이가 너무 극심하기 때문에 항상 불만이었습니다.

그들은 모두 게으르고 정신적인 소질과 신체적 기능의 연습도 부족했습니다. ABC를 아는 어린이는 열 중에 하나도 없었습니다. 더욱 이외의 교육의 기본적 도야수단(陶冶手段)이라는 것은 상상도 할 수 없었습니다.

그러나 학교 교육이 부족하다는 것을 나는 걱정하지 않았습니다. 가난하고 버림받은 어린이들에게도 하느님이 주신 인간 본성의 힘이 깃들여 있다는 것을 나는 믿었습니다. 이 본성은 거칠고 혼란한 진흙 속에서도 참

으로 아름다운 소질과 기능으로 발전된다는 것을 나는
오래 전부터 경험으로 알고 있었습니다.

그뿐 아니라 이와 같이 거칠고 혼란한 중에서도 이
어린이들 속에 간직된 굳센 본성의 힘이 여러 모로 싹
트는 것을 나는 보았습니다. 나는 사물의 기본적인 관
계를 그들에게 직관(直觀)시키며 건전한 감각과 천부
(天賦)의 지력을 발전시키며 여러 능력을 자극시키려고
했습니다. 여기에는 생활의 필요와 욕구가 중요하다는
것을 알게 되었습니다.

이 힘은 진흙 속에 섞여 인생의 깊은 곳에 묻혀 있기
때문에 잘 보이지 않습니다. 그러나 그 환경의 진흙을
씻어 버리면 그것은 찬란하게 빛을 발휘합니다. 나는
이것을 실천하려고 하였습니다. 이 진흙 속에서 힘을
캐내고 순박하고 참된 가정의 환경을 관계시키려고 했
습니다. 그러면 이 힘은 좀더 높은 정신력과 활동력이
되어 나타날 것입니다. 인간의 정신에 항상 편안을 주
며 인간의 가슴을 충만하게 채워 주는 것은 이 힘이라
고 나는 믿었던 것입니다.

나는 사실 이와 같이 나의 소원이 채워지는 것을 보
았습니다. 따스한 봄의 햇살이 겨울의 얼어붙은 대지를
녹이듯이 나의 가슴이 어린이들의 모습을 변화시키리라
고 나는 확신하였습니다.

이러한 생각은 적중하였습니다. 봄햇살이 산의 눈을 녹이기도 전에 어린이들의 모습은 그전의 모습이 아니었습니다.

그러나 나는 서두르지 않으렵니다. 친구여! 나는 우리 집 지붕 위의 박이 자라는 모습을 당신에게 보여 드리고자 합니다. 나는 지붕 위로 엉키어 올라가는 박의 줄기를 바라보곤 합니다. 그리고 친구에게 박의 잎을, 또 박을 갉아먹는 벌레도 숨김없이 보여 드리려고 합니다.

나는 한 사람의 가정부만으로 고아원을 열었습니다. 어린이들의 공부도 가르치고 가사도 돌볼 조수도 없이 나는 고아들 속에 들어갔습니다. 나는 혼자 하고 싶었습니다. 나의 목적을 달성시키려면 이와 같이 하는 도리밖에 없었습니다. 어린이들의 교육과 지도에 대한 나의 견해에 생각을 같이하는 사람은 하느님이 다스리는 이 세상에는 한 사람도 없습니다. 이것을 실천할 만한 사람도 없었습니다.

내가 손을 잡을 만한 사람들은 모두 학식과 교양이 높으면 높을수록 나를 이해함이 적었습니다. 그들은 내가 추구하려 했던 출발점을 이론적으로도 확실히 모르는 사람들이었습니다. 나의 계획에 필요한 시설에 대해서도 그들의 생각은 전혀 달랐습니다. 나는 어떠한 인위적 방법도 쓰지 않으려고 했습니다. 어린이들을 둘러

싸고 있는 자연과 일상생활의 요구, 그리고 언제나 생
생한 그들의 활동력, 이러한 것을 나는 교육수단으로
쓰고자 했습니다. 그러나 그들은 이에 반대했고 이것이
실현되리라고는 믿지 않았습니다.

그러나 나의 사업의 실천은 모두 이 사상에서 우러나
온 것입니다. 또 이 사상을 중심으로 하여서 다른 견해
도 나왔고 또 발전된 것입니다. 그러므로 교양 있는 학
교 교사는 아무 도움도 되지 않았습니다. 거칠고 교양
없는 사람들도 필요없었습니다. 나는 조수의 손에 명확
하고 완전한 실마리를 주지 못했습니다. 나의 이념과
방법을 구체화할 수 있는 사실도 없었고 또 직관의 대
상도 없었습니다. 다른 사람의 원조를 바라기 전에 나
는 먼저 스스로 일을 실행해야 했고, 또 내가 행하고
인식하는 것을 통해서 나의 견해의 본질을 밝혀야 했습
니다. 나는 이러한 처지에 있었으므로 긴요한 때에 나
의 도움이 될 사람은 하나도 없었습니다. 나는 스스로
도와야 했습니다.

나는 이런 신념으로 바로 이 목적을 따랐습니다. 내
가 이 시도(試圖)로써 증명하려 한 것은 가정 교육이
지니고 있는 장점을 학교 교육이 본받아야 한다는 것,
그리고 학교 교육은 가정 교육을 모방함으로써만이 인
류에게 이바지할 수 있다는 것이었습니다.

인간 교육에 필요한 모든 정신을 파악하지 못하는 학교 교육, 그리고 가정 관계의 모든 생활 위에 세워지지 않은 학교 교육은 우리 겨레를 위축시키는 인위적인 수단에 불과하다고 나는 본 것이었습니다.

좋은 교육을 하려면 적어도 가정에서 시시때때로 자기 자녀들의 정신 상태의 변화를 그의 입과 이마에서 읽을 수 있는 어머니의 눈이 필요합니다. 그러므로 교육자의 힘이 참되어야 합니다. 그리고 가정 관계의 전반에 걸쳐 항상 생생하게 살아 있는 어버이의 힘을 요구합니다.

이 원리 위에 사업을 세웠습니다. 나는 내 가슴으로 어린이들을 안았습니다. 어린이들의 행복은 나의 행복이었고 어린이들의 즐거움은 나의 즐거움이었습니다. 그리고 어린이들이 이것을 아침부터 밤늦게까지 나의 이마에서 보며 나의 입술에서 느끼도록 했습니다.

인간은 원래 착하게 되려고 하는 것입니다. 어린이들은 착한 일에 귀를 기울입니다. 그러나 교육자들이여! 어린이들이 선을 행하려 하는 것은 당신들을 위해서가 아니고, 그들 자신을 위해서입니다. 당신들이 어린이들을 지도하는 목표인 선은 자의(恣意)나 충동 등 순간적인 재치로 다루어지고 있습니다. 그러나 그것은 본질적으로 선한 것이어야 하며, 또 어린이들의 눈에 선하게 나타나는 것이어야 합니다. 어린이들은 스스로 선을 행하기 전에 먼저 그들이 처해 있는 환경과 욕구로 판단하여 교사의 의사에 필연성을 느껴야 합니다.

어린이들은 자기가 좋아하는 것은 무엇이나 구합니다. 자기의 명예를 높이는 것이라면 무엇이나 구합니다. 마음속에 큰 기대를 갖게 하는 것이라면 무엇이나 구하려 합니다. 자기에게 힘을 만들어 주는 것, 자기가 감당할 수 있는 것이라면 무엇이나 하려고 합니다.

그러나 어린이들의 이러한 의욕은 말에서 생긴 것이 아닙니다. 그것은 우리가 여러 모로 어린이들을 보살펴 줌으로써 그들 안에 있는 감정과 힘에서 우러나오는 것입니다. 말은 사실 자체를 주는 것이 아니고 사실을 밝혀 보게 하고 사실을 인식시키는 것에 불과합니다.

그러므로 나는 무엇보다도 먼저 어린이들의 신뢰와 애착을 얻으려고 노력했습니다. 이것만 성공하면 다른 모든 것은 스스로 해결되리라고 믿었습니다.

친구여! 나의 이러한 입장과 민중 및 어린이들의 심정을 생각해 보시오. 그러면 그때 내가 얼마나 큰 장애물을 극복했어야 했는가를 이해할 것입니다.

불행하게도 그 지방은 칼과 불로 전쟁의 모든 공포를 겪은 곳입니다. 민중들은 거의 새로운 제도를 싫어했습니다. 그들은 정부에 대하여 불만을 품었으며 정부의 원조에도 의혹심을 품고 있었습니다. 원래의 성품 탓도 있겠으나 그들은 새로운 것이라면 개혁이라고 싫어했습니다. 그리고 낡고 비참한 환경에서 오는 그들의 생활을 고집하여 신랄한 눈으로 새것을 의심하는 것이었습니다.

그들의 눈에는 내가 가증스러운 새 제도의 일꾼으로밖에 보이지 않았습니다. 물론 그들은 나를 새 제도의 허수아비로 보지는 않습니다. 그러나 내가 그들이 싫어하는 사람들 밑에 있는 것으로 여겼습니다. 그들은 자기들을 불행하게 만든 것은 나를 움직이는 사람들이었다고 생각했습니다. 따라서 그들은 우리들과 다른 그들의 생각과 희망과 편견은 도저히 채워질 수 없다고도 생각하였습니다.

이러한 정치적인 불만은 또한 종교적인 불만을 크게 했습니다. 그들은 나를 이단자로 보고 어린이들에게 선행을 보이면서 그들의 영혼을 위험에 빠지게 하는 자라고 생각했습니다. 그들은 신교도들이 관직에 앉아 있는 것을 아직 보지 못했고 더구나 교사와 스승으로서 그들의 어린이들과 같이 살며 일하는 것을 보지 못했습니다. 더구나 그때는 정치적인 불안·전쟁·허위를 틈타 종교적인 불신이 빚어지기 쉬운 때였습니다. 슈탄스가 생긴 이래 그것이 가장 심한 때였기 때문입니다.

친구여! 이러한 민중의 소리와 나의 미약한 힘과 입장을 한번 상상하여 보십시오. 나는 사적으로 혹은 공적으로 얼마나 푸대접을 받았는지 모릅니다. 나는 길을 가면서도 그들의 방해를 받아야 했습니다. 그리고 이러한 처지에서 그들에게 얼마나 많은 호의를 베풀었어야 했는가도 상상해 보십시오.

나는 이처럼 괴롭고 고달픈 고립 무원(孤立無援)의 상태에 있었습니다. 그러나 그것이 나의 목적을 달성하는 데는 더 유리했습니다. 왜냐하면 어린이들은 나를 필요로 했고 그들에게는 내가 유일 절대의 존재가 되었기 때문입니다. 나는 아침부터 저녁까지 홀로 그들 사이에 있었습니다. 어린이들의 몸과 마음에 이로운 것은 무엇이나 나의 손으로 해주었습니다. 나는 직접 그들을 돌보았고 괴로운 때면 손을 빌려 주었고 교훈도 줄 수 있었습니다. 나는 그들과 손을 마주잡고 또 눈을 마주 바라보았습니다.

나는 어린이들과 함께 울었습니다. 그리고 내가 웃으면 그들도 따라 웃었습니다. 그들은 세상을 잊고 슈탄스를 잊었습니다. 그들은 나의 옆에 있었고 나는 그들 옆에 있었습니다. 우리는 한 그릇의 밥도 함께 나누어 먹었고 한 그릇의 물도 함께 나누어 마셨습니다. 나에게는 가정도 친구도 조수도 없었습니다. 그들만이 나의 전부였습니다. 그들이 건강할 때면 나는 그들과 놀았고 그들이 병들어 누웠을 때면 나는 그들 옆에 있었습니다. 나는 그들과 같이 잤습니다. 밤에는 제일 늦게 잤으며 아침에는 제일 먼저 일어났습니다. 우리들은 잠들 때까지 이불 속에서 함께 기도하며 공부했습니다. 어린이들이 원하였기 때문입니다. 나는 항상 병에 전염될 위험한 처지에 있었습니다. 그러나 나는 거의 손도 대지 못할 정도로 더러운 그들의 옷과 몸을 돌보아 주었습니다.

어린이들이 점점 마음속으로부터 나에게 가까워지게 된것은 물론 이러한 생활 때문입니다. 그들 중의 몇 어린이는 열렬하게 나와 동조하여, 그들의 부모나 친구들이 나를 바보이며 쓸모없는 인간이라고 비난하면 반항할 정도까지 되었습니다. 그들은 내가 부당한 대접을 받고 있다고 느끼게 되었습니다. 그리하여 그들은 더욱 더 나를 사랑하게 되었습니다. 그러나 생명을 노리는 독수리는 매일 사납게 지붕 위를 맴돌고 있었습니다. 그런데 새들이 둥지 속에서 어미새를 사랑한들 무슨 소용이 있겠습니까?

사실 나의 원리와 사업의 효과는 그들은 만족시킬 만한 것이 아니었습니다. 또 될 수도 없었습니다. 어린이들은 나의 사랑을 쉽게 믿어 주지 않았습니다.

그들은 게으르고 방종하고 거친 생활과 또 불규칙적

인 향락에 젖어 있었습니다. 이 고아원에 들어오면 다른 고아원에서와 같이 배불리 먹고 놀 수 있는 곳으로 알았던 기대가 어긋나자 몇 어린이들은 수용 기간이 길다고 불평하면서 나가려고도 했습니다. 몇몇 어린이들은 하루 종일 쉬지 않고 공부하면 학교병이 걸린다고 익살을 피우기도 하였습니다. 처음의 수개월간은 이러한 불만이 많았습니다. 그러나 생활 양식이 바뀌고 또 고르지 못한 날씨로 고아원 복도에 찬 습기가 어린이들을 병에 걸리기 쉽게 하자 불만은 더욱 커졌습니다. 어린이들이 심한 기침을 하여 나는 불안했습니다. 그리고 또한 이 지방을 휩쓴 열병으로 많은 어린이가 병상에 눕게 되었습니다.

이 열병은 꼭 기침을 동반하는 병이었습니다. 그리고 열병이 아닐 때에도 음식물이 바뀜으로써 기침이 나오는 경우도 있었습니다. 주위의 사람들은 이와 같은 현상을 모두 나쁜 생활 상태의 영향에서 기인한다고 했습니다. 그러나 위에서 말한 여러 가지의 나쁜 조건이 겹친 데서 나왔다는 것은 명백한 일입니다. 그러나 다행히도 한 사람의 희생자도 없었습니다.

사실 많은 어린이들의 심신이 불쾌했던 것은 음식물에 그 원인이 있었을 것입니다. 그러나 그 음식물이 어린이들의 건강에는 유익한 것이었다는 것이 그후에야

판명되었습니다. 처음에는 눌린 납작보리를 많이 먹였습니다. 오랫동안 유행한 기침은 눌린 납작보리 때문이라고 하였으나 그 납작보리가 영양에는 물론 심한 기침을 막아 주는 훌륭한 약의 역할을 하고 있다는 것을 얼마 후에야 알게 되었습니다.

어린이들의 건강 상태는 입소 이전의 불규칙하고 나쁜 식생활의 탓으로 좋지 못했습니다. 물론 그 중의 몇몇 어린이들은 그렇지 않았으나 이제는 약하던 어린이들까지도 건강하게 되었습니다. 봄이 되자 어린이들은 눈에 띄게 건강해졌습니다. 체격뿐만 아니라 얼굴색도 급변했습니다. 그들은 마치 잘 보육(保育)된 어린이들 같이 보였습니다. 사실 목사와 장관이 와서 어린이들을 보고 그들의 건강함에 놀라운 표정을 지을 정도였으니까요.

그러나 그 중의 몇 어린이는 병을 오랫동안 앓고 있었습니다. 그들 부모의 영향이 상황을 더욱 악화시켰습니다.

"귀여운 나의 자식아! 몰라 보게 수척했구나. 아주 꼴이 아니구나. 이처럼 수척할 정도의 대우라면 내가 집에서도 얼마든지 해줄 수 있단다. 자, 집으로 가자."고.

어린이들을 미끼로 집집마다 구걸하러 다니던 많은 어머니들은 내 방에 들어서자마자 어린이들 앞에서 이와 같이 말하는 것이었습니다. 더구나 이 무렵의 주일 은 내게는 더욱 무섭고 불안한 날이었습니다. 주일에는 이와 같은 어머니나 아버지, 형, 누이들이 떼를 지어 옵 니다. 그리고 어린이들을 길이나 방 구석구석에 끌고가 서 눈물을 흘리며 무엇인가를 속삭이는 것이었습니다. 그때에는 다른 어린이들까지도 덩달아 울면서 집을 그 리워하는 것이었습니다. 몇 달 동안은 주일마다 어린이 가 부모에게 끌려나갔습니다. 그러나 곧 다른 어린이가 들어옵니다. 그것은 마치 비둘기집과 같았습니다. 몇 마리가 날아오면 곧 몇 마리가 날아가는 비둘기집 말입 니다.

설립된 지도 얼마 안 되는 고아원에 이처럼 어린이들 이 나가고 들어오고 하면 어떠한 결과가 나오겠는가를 상상하여 보십시오. 그들은 고아원에 머물러 있는 것을 도리어 나에게 은혜를 베푸는 것으로 생각하게 되었습 니다. 그들 중의 많은 부모들은 카푸친 파의 신부들에게 혹은 다른 곳에 가서 내가 어린이들을 열심히 붙잡고 있 는 까닭은 그가 다른 수단으로는 빵을 벌어 먹을 수 없 기 때문이 아니냐고 여러 사람에게 물어 본다고 합니다. 이처럼 내가 고생하는 이유를 그들은 내가 가난하기 때 문이라고 생각했습니다. 이러한 선입견 때문에 그들의 나에 대한 태도는 자연히 냉랭한 것이었습니다.

어떤 사람들은 어린이를 두고 가겠으니 대신 돈을 좀 달라고 요구했습니다. 이제는 어린이를 데리고 다니면서 구걸을 하지 못하게 되었다는 것이지요. 또 어떤 사람은 모자를 쓴 채 어린이를 며칠 더 두어 보자고 했고 또 어떤 사람은 어린이를 집에 몇 번 돌려보내 주겠는가를 계약하려고 하는 것이었습니다.

이러던 몇 달이 지났습니다. 나는 그 사이에 그의 부모들이 맑고 감사에 찬 눈으로 나의 손을 잡아 줄 때 느끼는 희열을 느껴 보지 못했습니다. 그러나 어린이들은 그들의 부모들이 나를 찾아와 인사나 위로도 없이 돌아간다고 울었습니다. 많은 어린이들은 행복을 느끼게 되었습니다. 그리고 그들의 어머니가 무슨 말을 하든지 그들은 이렇게 대답하는 것이었습니다.

"나는 집보다 이곳이 좋아요."라고.

내가 그들과 있을 때면 자기들의 과거가 얼마나 불행한 것이었는가를 나에게 말하여 줍니다. 매일 싸우고 벌을 받고 하는 사이에 편안하고 즐거운 순간은 한 번도 없었다고 말해 주었습니다. 하루 종일 죽 한 그릇, 빵 한 조각도 먹지 못했다고도 말해 주었습니다. 그런가 하면 일 년 내내 이불도 없이 지냈다든가, 계모에게서 박해를 받고 매일 매를 맞았다고도 합니다. 그러나 이와 같이 말한 바로 그 어린이가 다음날이면 그의 어머니와 달아나는 것이었습니다.

그러나 이와는 반대로 많은 어린이들이 나에게 오면 무엇인가를 배우고 얻을 수 있다고도 생각하게 되었습니다. 그들은 나를 따르게 되었고 처음과 다름없는 열성을 지니게 되었습니다. 얼마 후, 그들은 깊은 애착과 따뜻한 사랑을 지니게 되었으며 그렇지 못한 어린이들도 그들을 본받게 되었습니다.

고아원을 나간 어린이들은 성격도 나쁘고 무능력한 어린이들이었습니다.

또 이나 벼룩이 들끓는 누더기를 내 손으로 벗기고 새옷을 입히면 곧 그의 부모들이 어린이를 집으로 데려가기도 합니다. 또 목욕을 하고 옷을 얻어 입으면 곧 도망가려는 어린이도 많았습니다.

그들은 이처럼 타산적으로 입원은 했으나 드디어 그들 스스로의 확신으로 이 몰인정을 극복했습니다. 고아원은 점점 확대되어 1799년에는 80명의 어린이를 수용하게 되었습니다. 대부분의 어린이 그리고 특히 몇몇 어린이는 뛰어난 소질을 지니고 있었습니다. 공부는 처음으로 한다는 어린이들이 대부분이었습니다. 그러나 몇몇 어린이는 공부하면 무엇인가를 얻을 수 있다는 걸 깨닫게 되어 그 열성은 대단해졌습니다. 책은 지금까지 한 번 가져 보지 못하고 주기도문과 성모기도도 외우지

못하는 어린이들까지도 2,3주일이 자나자 아침 일찍부
터 저녁 늦게까지 홍미 있게 공부하게 되었습니다.

저녁식사가 끝난 후, "너희들은 지금부터 공부하고 싶
니, 아니면 잠을 자고 싶니?" 하고 내가 물으면 처음에
는 대개 "공부"라고 대답했습니다. 그러나 아침 일찍 일
어나야 하기 때문에 차차 이 열기도 식었습니다.

그러나 처음의 그 열성이 전체의 방향을 결정했기 때
문에 학습의 성과는 나의 기대를 훨씬 넘는 것이었습니
다. 그러나 나는 말 못 할 어려움을 겪어야 했습니다.
수업 시간표를 잘 계획한다는 것은 불가능했습니다. 몇
몇 어린이들의 황포성(荒暴性)과 전체의 혼란은 어떠한
신뢰와 열성에도 사라지지 않았습니다. 나는 생활 전체
의 질서를 잡기 위하여 좀더 높은 기초를 구해야 했고
창조해야 했습니다. 이 기초가 서기 전에는 수업이나
살림, 그리고 학습도 이 고아원에서는 계획대로 짤 수
가 없었습니다. 또 원하지도 않았습니다. 그러한 것은
미리 짜여진 계획에서가 아니고 어린이들과 나 사이의
관계에서 나타나야 하기 때문입니다. 나는 또한 그 속
에 드높은 원리와 도야력(陶冶力)을 구하려고 했습니
다. 그것은 또한 이 고아원의 드높은 정신, 즉 어린이들
자신의 조화된 주의력과 활동이어야 합니다. 그리고 그
것은 어린이들의 생활과 욕구, 또 그들이 서로 맺는 관

계에서 직접 우러나와야 하는 것입니다.

원래 내 사업의 출발점이 된 것은 어떤 경제적인 것
이나 외면적인 것은 아니었습니다. 또 우리 어린이들의
정신을 타락시키고 거칠게 한 환경의 진흙과 조야(粗
野)에서 건져내려면 그 사업의 출발점이 이러한 것일
수도 없고 이러한 것이어서도 안 됩니다. 처음부터 외
면적인 질서와 규칙을, 또는 법규나 규약을 주입시키면
어린이들의 마음은 절대로 고상하게 되지 못합니다. 그
들은 성품이 거칠고 타락되었기 때문에 도리어 나에게
서 떨어져 나갑니다. 그 위에 그들은 지니고 있는 거친
자연력으로 직접 나의 목적에 대항하게 될 것은 뻔한
일입니다.

따라서 나는 우선 그들의 마음 자체와 착하고 부드러
운 정서를 그들 안에 각성시키며 소생시키려고 했습니
다. 이와 같이 함으로써 그들은 외면적인 것에 대해서
도 활달해지고 조심성이 있고 애정과 순종심이 있게 되
리라고 믿었습니다. 나는 그렇게 할 수밖에 없었습니
다. '먼저 안을 깨끗이 하라. 그러면 겉도 깨끗해지리
라.' 하신 예수 그리스도의 숭고한 원리 위에 설 수밖에
없었습니다. 나의 사업의 경우, 이 원리는 남김 없이 실
증되었습니다.

나의 본질적인 견해는 무엇보다도 다음과 같은 것이

었습니다. 즉, 어린이들의 공동생활에서 나타나는 첫 감정을 잘 길러 줄 것, 어린이들의 힘이 발전되기 시작할 때부터 형제가 되게 할 것, 그리고 이 고아원을 하나의 큰 집안같이 단순한 마음씨로 융화시킬 것, 그리하여 이러한 관계와 여기에서 발생하는 기본을 토대로 하여 공정하고 도덕적인 감정이 싹트게 할 것 등이었습니다.

나는 다행하게도 이 목적을 이루었습니다. 얼마 후에는 70명이 넘는 고아들이 서로 평화롭고 사랑스럽게, 조심성 있게 그리고 다정하게 살게 되었습니다. 이러한 일은 작은 한 집안의 형제 사이에도 힘든 일입니다.

이 무렵, 나는 다음과 같은 원리로써 어린이들을 다루었습니다.

'너의 어린이들을 너그럽게 만들어라. 그리고 그들의 요구를 채워 줌으로써 그들의 감정과 경험 및 행동 안에 사랑과 자애심을 심어 주어라. 또 그들의 마음속에 도덕의 터전을 굳건하게 닦게 하여라. 그 다음 이 선의를 사회에서 씩씩하고 원대하게 쓸 수 있도록 기술을 습득시켜라. 그리고 선과 악의 미묘한 특징을 설명하라. 또한 이것을 가정생활에 연관시켜라. 어린이들이 자기의 주위에서 일어나는 모든 일을 올바르게 보며 또 그들의 생활과 여러 관계에 올바르고 도덕적인 견해를

갖게 하라.'

나는 어린이들에게 도덕이나 종교를 가르치지 않았습니다. 또한 설명도 하지 않았습니다. 그러나 그들의 숨소리가 들려올 정도로 조용할 때 나는 물었습니다.

"떠들고 있을 때보다 조용한 때가 슬기롭고 착하지 않은가?"라고.

그들이 나를 아버지라고 부를 때 그들에게 물었습니다.

"너의 아버지에게 거짓말을 해도 좋은가? 나에게 입을 맞추고 뒤로 돌아서서 나를 괴롭혀도 좋은가?"라고.

이 지방 사람들의 비참한 생활이 화제가 되어 그들이 자기들의 처지를 다행스레 느끼고 있을 때 나는 그들에게 물었습니다.

"사람의 마음속에 동정심을 심어 주시는 하느님은 좋은 분이시지?"

나는 또 물었습니다.

"세상에는 많은 고아들이 있단다. 이 고아들을 잘 교육시켜 그들 스스로 자기의 길을 개척하게 하는 정부도 있고, 고아들을 실제로 도와주지는 않고 악덕과 태만을 교도해 주지도 않고 내버려 두어 구걸이나 시키고 고아원에 가두어 두는 정부도 있다. 같은 정부라도 다르지 않니?"라고.

나는 때때로 조용하고 평화로운 가정의 행복에 대한

이야기도 했습니다. 부지런하고 착실하게 일하여 생계를 세운 다음, 무지하고 불행한 사람들을 도울 수 있을 만큼의 여유가 있는가의 행복에 대한 말을 했습니다. 나는 또 물었습니다.

"너희들도 장차 나와 같은 사람이 되고 싶지 않은가? 가난하고 불행한 사람들과 같이 살며 그들을 교육시켜 교양 있는 인간으로 만들고 싶지 않은가?"

그러면 어린이들은 눈물을 흘리며 나에게 대답하는 것이었습니다.

"아! 나도 그럴 수만 있다면!"

언젠가는 자기들도 좋은 기술과 지식을 갖추어 사회인 속에서 쓸모있는 일꾼이 되며 또 존경도 받을 수 있다는 희망이 그들 가슴속에 가득 차 있었습니다. 그리고 그들은 다른 어린이보다 더 훌륭한 교육을 받고 있다고 느끼게 되었습니다. 그들은 나의 지도와 그들의 장래와의 관계를 깊이 인식하고 행복한 장래를 약속할 수 있다고 상상하게 되었습니다. 그러므로 분발하는 것도 무리는 아니었습니다. 그들의 소원과 희망은 이러한 목적에 일치한 것이었습니다. 친구여! 덕은 이러한 일치에서 싹트는 것입니다. 마치 대지가 연한 세근(細根)의 본성과 요구를 채워 줌으로써 식물을 싹트게 하듯이.

나는 어린이 안에서 내면적인 힘이 성장하는 것을 보

았습니다. 그것은 기대 이상으로 나타났고, 그것을 훨씬 넘을 정도로 모든 어린이에게서 나타났고, 힘으로 약동되는 것을 보았습니다. 나는 경탄하고 감동했습니다.

알트 돌프 화재[5] 때 나는 어린이들에게 물었습니다.

"알트 돌프가 타버렸구나. 이 순간에도 많은 어린이들이 집을 잃고 먹을 것과 입을 것도 없이 되었을 거야. 정부에 탄원해서 20명쯤 고아원에 데려오면 어떨까?"

"좋아요, 참 좋아요." 그들은 대답하였습니다.

그러나 나는 다시 물었습니다.

"너희들이 원하는 것이 무엇인가 생각해 봐. 우리에게는 돈이 없다. 그리고 그들이 이곳으로 온다고 하여도 돈이 더 들어오는 것도 아니다. 그들이 오면 너희들은 더 많은 일을 해야 공부도 하게 된다. 먹을 것도 적어지고 옷도 나눠 줘야 한다. 그러므로 그들의 불행한 처지를 위해서는 모든 것을 즐겁게 양보하지 않고서는 데려올 수 없단다."

나는 될 수 있는 대로 이 점에 힘을 주어 말했습니다. 그들이 원하는 것이 어떠한 결과가 되는가를 확실히 알고 있는지를 확인하기 위하여 나는 다시 물었습니다. 그러나 그들은 여전히,

"우리가 먹을 것이 적어지고 많은 일을 한다 해도. 또 옷을 나누어 입어도 좋아요." 하고 대답했습니다.

하루는 새로 이사온 뷴덴 지방[6) 사람이 찾아와 눈물을 흘리면서 어린이들을 위해 써달라고 동전 몇 푼을 나에게 준 일이 있었습니다. 나는 돌아서서 나가는 그분을 붙잡고 어린이들에게 말했습니다.

"이분은 고향을 떠나 내일은 어디서 자고 또 무엇을 먹게 될지도 모르는 역경에서도 우리들에게 선물을 주셨다. 자, 이곳으로 와서 감사의 인사를 드려라."

어린이들이 감동하는 것을 보고 그는 흐느꼈습니다.

이와 같이 도덕을 말로 설명하기보다 피부로 느끼도록 했습니다. 왜냐하면 어린이들이 모르는 일을 설명으로 가르치는 것은 좋지 못한 것이라고 여겼기 때문입니다.

이러한 감정과 연관시켜 나는 한걸음 더 나아가 자기를 극복하는 훈련을 시켰습니다. 그럼으로써 이 감정이 생활 속에 직접 응용되는 자세를 만들고자 했습니다.

이와 같은 점에서 본다면 고아원에서 조직적인 훈련을 시킨다는 것은 물론 불가능한 일입니다. 사실 이러한 훈련도 생활에서 일어나는 욕구에서 시작해야 합니다.

활동을 목적으로 하면서 그 수단으로 정숙하게 하는 것이 고아원의 비결이겠습니다.

고아원에서 그들을 가르치면서 나는 정숙을 요구했습

니다. 그것은 나의 목적을 달성하는 수단이었습니다. 그리고 그들의 앉은 자세를 바로 갖추는 것도 큰 수단이었습니다.

나는 정숙을 독려했습니다. 그러므로 정숙을 요구하며 그들이 복창할 때면 잡음 하나하나까지도 들리게 되었습니다. 또 나는 가늘고 작은 소리로 가르칠 수 있었고 나의 말소리와 어린이들의 복창 소리 외에는 아무 소리도 없게 되었습니다. 물론 언제나 그렇다고는 말할 수 없지만.

나는 어느 때인가 어린이들이 복창하는 동안 엄지손가락을 바라보도록 요구했습니다.

이러한 작은 일을 엄수시키는 것도 교육자에게는 큰 목적을 달성하는 데 좋은 기회가 된다고 믿었습니다.

어느 버릇없는 소녀가 있었습니다. 그러나 이 소녀는 한 시간 동안 몸과 머리를 바로 하고 눈도 이리저리 굴리지 않는 습관을 겨우 갖게 되었습니다. 이것으로도 도덕 교육의 큰 전진이 되는 것입니다. 이 경험에서 나는 도덕적인 기능을 실제로 도야시키려면 도덕적인 생활태도에 익숙해지도록 해야 한다는 것을 알았습니다. 이것은 도덕적인 기능을 도야하지 않는 이론과 설교를 하는 것보다 좋다는 것입니다.

나는 이 원칙을 지켰습니다. 그리고 어린이들의 정서

도 맑고 안정되었습니다. 어린이들의 머리가 비어 있다
해서 선(善)의 개념도 없으리라고 생각하기 쉽습니다.
그러나 그들은 스스로 고상하고 선한 일을 하게 되었습
니다. 머릿속이 비어 있다는 것이 장애가 되거나 또 나
를 괴롭히는 것도 아니었습니다. 나는 단순한 방법을
이용하였습니다. 아무것도 모르는 어린이들의 머릿속에
단순한 개념을 주입시킨다는 것은 쉬운 일이었습니다.

그러나 어린이들이 심히 거칠고 난폭한 행동을 하면
나는 엄격히 다루고 체벌도 주었습니다.

친구여! 많은 어린이들의 마음과 정신을 사로잡고 체
벌을 과하지 않는다는 교육 원리는 행복한 어린이나 좋
은 환경에서만 가능할 것입니다. 그러나 나이나 습관,
욕구가 제각기 다른 많은 고아들의 경우에는 불가능합
니다. 단순한 방법으로 확실하고 빠르게 어떠한 목표로
이끄는 데는 체벌이 필요했습니다. 체벌을 가하면 어린
이들로부터 신뢰감을 잃지 않을까, 하는 것은 한갓 기
우에 지나지 않습니다. 어린이들의 마음과 사고방식을
결정하는 것은 교사 개개의 우연한 행위가 아닙니다.
그들의 감정을 결정적으로 만드는 것은 매일 시시각각
으로 되풀이되어 어린이들에게 나타나는 교사의 마음과
진실성입니다. 즉, 교사가 어린이를 얼마나 사랑하고
또 미워하는가로 결정하는 것입니다. 그러므로 교사의

행위가 어린이들에게 주는 인상은 어린이들이 보는 관점 여하에 달려 있습니다.

그러므로 부모가 주는 벌은 어린이들에게 나쁜 인상을 주지 않습니다. 그러나 아침 저녁으로 다정하게 어린이들과 같이 살지 않고 또 가정생활을 그들과 하지 않는 학교 교사가 벌을 준다면 이것은 다른 인상을 줍니다. 이와 같은 교사들에게는 어린이들의 마음을 붙드는 여러 여건이 부족하기 때문입니다.

내가 벌을 준다고 해서 어린이들의 인상이 나빠지지는 않았습니다. 벌을 준 직후 악수를 청하면 그들은 기뻐했습니다. 그리고 벌받을 때는 슬프기도 하고 즐겁기도 했다고 그들은 말하였습니다. 그러나 내가 제일 감명깊게 경험한 일은 다음과 같은 일이었습니다. 내가 가장 사랑하는 어린이 중의 한 명이 내게 귀여움을 받는 것을 믿고 다른 어린이를 때렸습니다. 나는 그 어린이에게 벌을 주며 나의 분노를 그 어린이가 느끼도록 하였습니다. 그리고 나는 방에서 나왔습니다. 내가 방을 나오자마자 그 어린이는 매를 맞은 어린이에게 가서 사과하고 자기의 나쁜 행동을 뉘우치는 것이었습니다.

친구여! 이것은 실로 연극이 아니었습니다. 그 어린이는 이와 같은 사과나 뉘우침을 어느 누구에게서도 배우거나 경험하지도 못했던 것입니다.

사랑하는 친구여! 내가 벌을 주는 것이 어린이들에게 나쁜 인상을 주지는 아니하였습니다. 왜냐하면 나는 하루 종일 참된 사랑으로 그들과 살았으며 그들에게 나를 바쳤기 때문입니다. 그들은 나의 행동을 이해하여 주었습니다. 그러나 부모나 친구 그리고 참관인들이나 교육자들은 그렇지도 않았습니다. 나는 나의 어린이들이 이해하여 준다면 그것으로 기뻤습니다.

나는 어린이들의 주의력과 어린이들의 마음을 기쁘게 하는 일이라면 모두 하였습니다. 그리하여 내가 왜 이와 같이 하는가를 어린이들이 명백히 알도록 하였습니다.

친구여! 이것은 참된 가정 교육 밑에서 이루어지는 도덕적 행위 일반의 문제로 나 스스로도 이끌렸습니다.

도덕의 기초 도야는 일반적으로 다음과 같은 세 개의 착안점 위에 서 있는 것입니다.

첫째, 참된 감정으로 도덕적인 정서를 환기시킬 것.

둘째, 올바르고 착한 일에 자기 자신을 극복하려고 노력하도록 도덕적인 훈련을 시킬 것.

셋째, 어린이들의 생활과 환경 속에 얽혀 있는 정의 관계·도덕 관계를 사색, 비교시킴으로써 도덕적인 견해를 갖게 하는 것입니다.

친구여! 나는 지금까지 이 견지에 관련된 방법을 말하여 왔습니다. 정의는 무엇이며 부정은 무엇이냐 하는 관념을 어린이들에게 인식시키기 위하여 행한 방법은 단순하였습니다. 그것은 매일 주위에서 일어나는 일을 직관시키며 경험시키는 데서 나오는 것입니다. 즉, 조용하지 못할 때 "그래서 공부가 되겠는가?"라고 조용히 그들 자신의 감정에 호소하면 되었습니다. 그들의 정의감과 공정감은 참으로 확고하며 또 자연스럽게 발로됩니다. 그리고 그 감정은 참된 호의로써 사람 됨을 높여주고 굳세게 합니다.

고아원에서 생기는 모든 일을 나는 그들 자신과 그들의 감정에 호소했습니다. 나는 조용히 저녁에 그들에게 질문을 하면서 자유롭게 판단시켰습니다. 나는 다음과 같은 예를 들었습니다. 마을에서는 식량이 충분하지 못하다는 소문이 떠돌 때였습니다. 나는 물었습니다.

"여러분은 이곳이 더 좋다고 했지? 그러면 잘 생각해 보라. 여러분이 먹고 있는 음식은 이 다음 성장하여 열심히 일하지 않고서는 얻기 어려운 것이다. 그러나 여러분은 지금처럼 배불리 먹어도 좋은가, 또 무엇이든지 부족한 것이 있는가? 나는 더 이상 공평하게 할 수는 없다. 현재 70명이 넘는 어린이를 이 고아원에 수용하고 있는데 나는 40명만 있었으면 좋겠다. 그러면 어떨까?"고.

또 내가 어린이들을 심하게 벌을 준다고 마을 사람들

이 말할 때에도 나는 어린이들에게 말하였습니다.

"내가 얼마나 여러 어린이들을 사랑하고 있는가를 알고 있겠지. 그러나 지금부터 벌을 주지 않으면 좋겠는가, 벌을 주지 않고서도 나쁜 버릇이나 행동이 없어지겠니? 그리고 벌을 받지 않고서도 내가 하는 말을 정신차려 듣겠니?" 하고 말했을 때,

"벌은 싫어요."라고 말은 하였으나 곧 그들은 잘못이 있으면 벌을 주어도 좋다고 하였습니다.

어린이들의 수가 많음으로 인해 가정에서는 참을 수 있는 일도 이 고아원에서는 참지 못하는 일이 많았습니다. 그러나 나는 틀린 점이 있으면 언제나 그들에게 바로 밝혔습니다. 그리고 이러한 때에, 이러한 일로 용서해도 좋겠는가, 또는 참아야 하겠는가를 그들에게 판단시켰습니다. 나는 자유나 평등의 말을 한 번도 쓰지 않았습니다. 그러나 나는 그들에게 허락되는 범위 내에서 모든 일을 그들 마음대로 하게 하였습니다. 그러자 매일매일 자유롭고 맑은 공기를 호흡한 탓인지 그들은 그 후 평화스럽고 조용한 환경에서 자유롭게 교육받은 어린이처럼 맑은 눈동자를 갖게 되었습니다. 그리고 나는 그들의 맑은 눈동자를 배반하지 않았습니다.

가정적으로 독립을 이룩할 수 있는 튼튼한 몸을 갖도록 교육시키려고 나는 매일 힘썼습니다. 그들의 천사

같은 눈빛이 음침하게 되지 않게 하기 위해서였습니다. 이 천사 같은 눈빛은 나의 삶의 보람이었습니다. 나는 그들의 얼굴에 불안의 그늘이 지지 않도록 노력하고, 또 그들의 얼굴에서 불안의 그늘을 걷어 주었습니다. 그리하여 그들은 밝게 웃었습니다. 그리고 그들은 얼굴을 찌푸리지도 않았습니다.

아름다움은 무엇이며 추한 것은 무엇인가, 또 무엇이 올바른 일이며 그릇된 일인가를 직관시킬 기회는 매일 있었습니다. 이 미(美)·추(醜)·정(正)·부정(不正)은 전염되기가 쉬웠습니다. 그것은 몇몇의 어린이들의 무질서와 별로 나타나지도 않고 알려지지도 않은 결점으로 생기는 여러 가지의 악으로 인하여 많은 어린이들이 위태로워지고 고아원의 내부가 파괴될 위험성이 있을 정도였습니다. 그런가 하면 어린이의 수가 많기 때문에 적은 수효 속에서도 별로 보지 못할 선하고 귀한 것을 생생하게 발전시킬 수 있는 접촉점과 기회도 역시 많았습니다.

어린이들이 너무 버릇없고 소란한 장난을 하므로 나는 어린이들에게 다음과 같이 말했습니다. 그때의 인상은 평생 잊혀지지 않습니다.

"여러분, 여기서 우리가 하는 생활도 가정생활과 같다. 수가 많으면 질서가 없어지고 매일 혼란과 어려운 일이 일어나게 된다. 그래서 아무리 순하고 착한 어머니라도 어린이를 이성적으로 다루지 않을 수 없고 정의를 강요하지 않을 수 없다. 여기서도 마찬가지다. 내가 아무리 약한 사람 다루듯 보살피며 과오를 범한 어린이를 용서해 주려고 해도 수가 많기 때문에 그렇게 안 된다. 여러분은 수가 많다. 그러나 지금까지의 나쁜 습관을 버리지 못하고 나쁜 일로 장난하고 소란을 피운다면 여기에 오기 전보다 70배나 더 나쁜 습관이 늘고 70배나 더 불량하게 될 것이다. 수가 많은 고아원에서는 그 결과가 작은 집과는 다르다. 고아원이라는 이 환경에 필요한 질서를 배우지 못한다면 가정생활도 못 하게 되고 옛날의 불행했던 생활로 빠지게 된다. 잘 생각해 보라. 여러분은 잘 먹고 잘 입고 있으나 굶주리고 괴로웠을 때보다 더 나빠질 수 있다. 사람은 궁핍에서 배우고 신념에서 배운다. 만일 사람이 이성으로 살지도 않고 편하게 놀고 지낸다면 그 사람은 보잘것없는 사람이 된다. 생각해 보라. 여러분에게 아무런 어려움도 없고 걱정도 근심도 없다고 하자. 그러면 착한 것에 대해서도 아무런 감정을 느끼지 못하게 되므로 쓸모없는 인간이 되어 버린다."

나는 다시 말을 이었습니다.

"여러분이 집에 있을 때에는 돌보아 주는 사람이 있

었다. 그곳에서는 수가 적기 때문에 돌보기가 쉬웠다. 그리고 그때에는 어려움과 가난 그 자체가 도리어 선을 많이 낳게 했다. 우리가 원하든 원하지 않든 간에, 어쩔 수 없이 모든 일에 이성적으로 처할 수밖에 없었다. 그러나 생각해 보라. 집에 있을 때는 궁핍해서 선을 행하였지만 지금은 반대로 진심으로 정의를 행하여 보라. 그러면 집에서와는 달리 얼마든지 선을 행할 수 있을 것이다. 장차 행복하게 되는 길을 스스로 나서서 노력하라. 그러면 이곳에서 너희들은 70배나 힘을 얻고 70배나 행복이 돌아와 활기를 띨 것이다."

나는 그들이 나의 말을 알아듣는가, 어떤가도 전혀 생각하지 않고 그들에게 종종 이야기를 했습니다. 전체의 윤곽은 모든 어린이들이 이해하는 것 같았습니다.

또 그들이 후에 빠질 수밖에 없는 상태를 생생하게 그려 주는 것도 그들에게는 큰 인상을 주었습니다. 그들이 행하는 잘못을 여러 가지 방법으로 보여 주면서 나는 물었습니다.

"여러 어린이들은 알고 있는가? 남의 말을 하기 좋아하고 남을 헐뜯는 말을 함으로써 사람들이 싫어하는 것을. 후에 성장하고 늙어 이웃과 집안 사람, 자식까지도 불신하고 미워한다면 어떻게 되겠는가?"

이와 같이 나는 그들 자신의 경험을 통하여 그들이

과오를 범하면 어떠한 불행이 오는가를 감각적으로 직시토록 하였습니다. 동시에 착한 행동의 결과도 그들에게 인상 박히도록 하여 주었습니다. 그러나 내가 제일 강조한 것은 좋은 교육과 방임당한 교육과는 다른 결과가 나온다는 것을 명백히 알게 하려는 것이었습니다.

"젊었을 때 침착하게 생각하는 습관을 가지지 못했기 때문에 불행하게 된 사람을 여러 어린이들은 알고 있겠지? 쓰는 법과 읽는 법만을 배웠어도 몇 배의 돈을 모을 수 있었던 사람도 있지 않은가? 여러 어린이들이 배울 기회를 놓치면 늙은 후에 비참한 생활이나 거지로 살게 될 수도 있다. 이것을 잊어서는 안 된다."

또 다음과 같은 말을 하여 어린이들에게 감명을 주기도 했습니다.

"가난한 사람을 도와주고 괴로움에 시달리는 사람을 괴로움과 불행에서 구원하여 주는 일보다 더 위대하고 아름다운 일이 또 있는가? 그러나 배움이 없이 어찌 이런 일을 행할 수 있겠는가? 착하고 좋은 마음을 지니고 있어도 아는 것이 없으면 방관만 하게 되겠지? 그러나 많은 지식이 있으면 그럴수록 남을 도울 수 있고 많은 사람을 괴로운 고통에서 건질 수 있다."

착한 마음과 굳은 결단성을 도야하려면 먼저 웅장한 내용을 담은 포섭적인 개념이 중요하며, 그것은 어떤 것과도 바꿀 수 없는 것을 나는 알았습니다.

우리의 소질과 환경을 모두 포섭하는 이 위대한 원리가 순수한 심리학의 힘으로, 다시 말하면 순박성, 사랑 그리고 안정된 힘으로 우리의 마음 깊숙히 놓여진다면 인간은 그 본성에 따라 필연적으로 친절하여지고 진리와 정의에 민감한 정서를 가지게 됩니다. 이와 같이 이 위대한 진리에 종속되어 있는 수백 개의 원리는 주의를 집중시키고 그들의 인식 능력은 깊고 굳게 뿌리박히게 됩니다. 그것은 물론 그들이 아직 진리를 언어로 표현하게 되기 전의 일입니다. 진리는 인간이 이용하는 것이며 또 그것에 따라서 행동하는 것입니다. 그러므로 이 진리를 입으로만 말하는 것은 우리 인류에게 이익이 되지 못합니다. 우리 세대는 수백 년 동안 기독교 교리나 설교를 통하여 넓이만 있고 깊이가 없는 종교 문답을 많이 들어 왔습니다. 그 위에 30년 전부터 우리들은 소위 계몽주의자들로부터 불쌍하게도 그들의 궤변 속에 깊이 빠져들어가 무기력하게 졸고 있기 때문입니다.

특히 나는 다음과 같이 믿습니다. 어린이들의 사고력이 자라나는 첫 단계에, 말을 많이 하고 어린이의 정신 상태와 환경에 적합하지 못한 수업을 하는 것은, 어린이들을 혼란시키는 것이라는 것을 확신합니다.

어떠한 교육 원리도 현실 생활과 맺어진 직관적인 경

험으로 의식될 때 비로소 그들에게 참됨을 나는 경험으
로 알고 있습니다.

이러한 경험적인 배경이 없는 진리는 그들의 장난감
이 될 뿐입니다. 더구나 그것은 대부분의 어린이에게는
곧 싫증날 장난감에 지나지 않습니다. 실로 진리라든가
인간의 정의감은 그 본질상 고상하고 순수한 일반적인
감정입니다. 그러므로 그것은 말이 없고 웅대한 생각,
노력, 감정 등으로 단순하게 성장합니다. 그러나 이 감
정은 내부의 성숙한 힘을 외부로 나타내지 않습니다.

그리고 다음과 같은 일도 역시 진리입니다. 인간 안
에 진리감과 정의감이 깊이 개발되면 그것은 인간 인식
의 기본 원리를 이루게 됩니다. 그리하여 편견이 어떠
한 중대하고 해로운 결과를 가져와도 그것에 순수하게
대항할 힘을 그 내부에 간직할 수 있게 됩니다. 이러한
사람에게는 어떠한 나쁜 교육의 씨가 뿌려져도 그대로
자라지는 않습니다. 그리고 어떤 편견, 어떤 무지, 어떤
미신도 그를 유혹할 수는 없을 것입니다. 사람들이 제
아무리 정의를 영원이라 말하고, 스스로는 사랑도 정의
도 없이 지껄인다 해도.

인간 인식의 이와 같은 근본 원리는 순금과 같은 것
입니다. 그리고 이 원리에 종속되는 다른 진리는 동전
과 같습니다. 작은 물방울과 같은 무수한 진리의 바다

속에 빠져 허덕이는 사람을 볼 때 나는 상점 주인을 생
각합니다. 상인은 한푼 두푼 모아서 드디어는 부자가
되었기 때문에 한푼을 더 버는 것보다 한푼을 더 아끼
는 습관이 들게 되어 동전이 한푼 없어져도 금화가 없
어진 것처럼 불안에 싸입니다.

인간으로서의 의무를 완수함으로써 정신의 힘과 정신
의 저항이 조화적으로 확립되면, 또 인간 관계의 맑고
고상한 자극이 씩씩하게 움직이며 숭고하고 순수한 진
리가 확립된다면 몇 가지의 편견은 싱싱한 광명 아래
버려 두라. 이러한 편견은 인간 본성의 참된 발전과 정
화(淨化)에 압도되어 흔적조차 희미하게 되고 광명 속
의 그늘같이 사라질 것입니다.

인간의 인식과 지식이 주는 이 점은 어디에 있는가.
그 출발점이 되고 토대가 되며 기초가 튼튼할 때 비로
소 인식과 지식은 인류에게 참된 이익을 가져옵니다.
그러므로 박식한 사람일수록 더욱 노력하여 자기를 자
기 것으로 만들어야 할 것이며, 자기의 지식과 자기의
환경이 잘 조화되도록 할 것이며, 모든 정신력이 균등
하게 발전되도록 해야 할 것입니다. 그렇지 않다면 지
식은 도리어 자기를 오인하게 하는 마음속을 교란하게
합니다. 그리하여 단순하고 솔직하고 조화로운 마음이
있으면 무지하고 천한 사람들까지도 즐길 수 있는 인생

의 즐거움을 그에게서 빼앗게 됩니다. 친구여! 이것이
나의 교육법의 입장입니다. 그러므로 인간의 본성과 인
간의 첫 단계가 유도되는 정신력이 조화됨으로써 그것
들이 그릇된 인간적인 기술로 파괴되지 않도록 하는 것
이 중요합니다.

친구여! 나는 지금까지 학교의 가정적인 정신에 대한
나의 견해와 또 이 문제를 풀기 위한 나의 계획을 피력
하였습니다. 그러나 다음에 나는 교수 방법에 대한 몇
가지의 기본적인 견해와 어린이들의 학습에 대하여 기
술하고자 합니다.

순서와 방법 그리고 기술은 어린이에 대한 사랑의 신
념에서 단순하게 나오는 것입니다.

이러한 방법에서 나는 어린이들의 학습을 한층 높은
관점에 두었습니다. 어린이들의 착한 마음을 자극해 주
고 어린이들 사이에서 일어나는 일들을 내가 돌봐 줌으
로써 생기는 자연적인 관계를 힘을 다하여 활용시키려
고 했습니다.

나도 게디케[7]라는 사람이 지은 독본을 가지고 있습
니다. 그러나 이 독본 역시 다른 교과서와 같이 쓸모가
없었습니다. 서로 나이가 다른 어린이들이 뒤섞인 집단
을 어떻게 가르치면 되는가. 그것은 우선 그들의 감정
을 나의 목적에 맞도록 통일시키는 것으로부터 시작되

어야 합니다. 설비가 완전한 학교에서 행하는 것과 같은 형식은 이 고아원에서는 전혀 불가능하다는 것을 나는 깨달았습니다.

어린이들이 배워야 하는 언어와 그 언어가 나타내는 개념까지도 말로만 가르치는 학습이므로 나는 중요성을 느끼지 못했습니다.

나는 학습을 노동과 결합시키고 학교를 공장과 결합시켜 그 둘을 융합시키려고 했습니다. 그러나 이 계획은 이루어지지 못했습니다. 인원과 노동력이 부족했고, 필요한 기계도 전혀 입수하지 못했기 때문입니다. 그리하여 학원의 해산이 임박해서부터 겨우 실을 짤 수 있게되었던 것입니다. 더구나 그러한 융합의 문제보다도 학습과 노동의 기초 도야를 확실히 분리시켜 독립시키고, 이 두 부분의 고유한 성질과 요구를 명백하게 해야 된다는 것을 나는 알았습니다.

그러나 이 출발점에서부터, 근로에서 얻는 수입 그 자체보다 노동을 함으로써 얻어지는 육체적인 훈련을 고찰했습니다. 또 나는 소위 학습이라고 불리는 것도 정신력의 훈련이라고 생각했습니다. 주의력, 통찰력 및 확실한 기억력의 훈련은 판단하고 추리하는 기능의 훈련에 선행되어야 합니다. 먼저 전자가 굳건하게 되어야 합니다. 그러면 후자는 언어에 의하여 피상적으로 흘러

거만하고 거짓된 판단을 내리게 될 위험성을 면하게 됩니다. 이 거만하고 거짓된 판단은 인간의 행복과 사명을 모르는 것보다 더 위험한 것입니다. 우리에게 가장 가까운 생활 조건을 직관으로 인식하고 단순하고 참된 힘의 감정이 발달되어 튼튼하게 되면 무지라는 그 자체는 별로 위험하지 않습니다. 인류를 복되게 하는 인식은 모두 이러한 관점에서 나오며 또 이러한 인식은 배움이 적은 사람들 사이에 가장 순수하게 보존되어 있다고 나는 믿습니다.

이러한 몇 개의 기본 원리를 나는 따랐습니다. 처음에는 어린이들이 문자를 맞추는 것, 읽는 것, 쓰는 것이 진보되기를 원하지 않았습니다. 오히려 이러한 연습을 통하여 그들의 정신력이 가능한 한 여러 모로 활발하게 개발되기를 원했습니다. 어린이들이 ABC의 문자보다 발음법을 외우도록 하였습니다. 이와 같이 하여 어린이들이 문자를 알기 전에 가장 어려운 단어를 음으로 읽게 되었습니다. 이것이 어린이들에게 얼마나 큰 이해력을 촉진하게 하는 것인가를 생각하여 보십시오. 처음에 나는 게디케가 지은 독본에 따라서 이러한 단어를 가르쳤습니다. 그러나 후에는 알파벳 전부를 모음별로 5종류로 나누었습니다. 그리고 간단한 구절을 완전히 연습하여 읽고 외울 수 있도록 했습니다. 이것이 그들의 힘을 고루 발달시키는 효과가 있다는 것을 알았기 때문입니다.

나는 이 읽기와 쓰기의 기초와 순서를 인쇄하려고 했습니다. 나는 자음이 모두 모음의 앞이나 뒤에 오게 했습니다. 예를 들면,

ab, ba, ec, ce, di, id, fo, of, gu, ug 등입니다. 그 다음에 세 자(三字)로 했습니다.

bud, dub, bic, cib, fag, gaf, goh, hog 등.

이와 같이 결합시켜 가는 동안에 발음하고 기억하기 어려운 음절이 생기게 되었습니다. 예를 들면,

ig, igm, ek, ekp, lug, ulg, quast, staqu, er, evk 등.

새로운 결합을 배우기 전에 어린이들은 2열(二列)의 글자 하나하나를 완전히 배워야 합니다. 3렬에서는 네 개나 다섯 개의 글자가 짜여지고 결합됩니다. 예를 들면,

dud, dude, rek, reken, erk, erken, 등.

여기서부터 나는 이 간단한 기본적인 문자가 결합되어 생긴 단어를 그 기본적인 결합과 연관시켜 가르쳤습니다.

epk, ephra, ephraim, buc, buce, bucephal, qua, quak, quaken, aphor, aphoris, aphorismus, mu, muni, munici, municipal, municipalität, ul, ult, ultra, ultraam, ultramon, ultramontanisch 등.

이와 같이 하여 그들은 읽기와 쓰기의 기본적인 것을 모두 암송했습니다. 그들의 기관(器官)은 단어를 쉽게 발음할 수 있도록 익숙하여집니다. 그리고 우리가 상상하지 못할 만큼 그들은 쉽고 바르게 읽기를 배우게 됩니다. 이 정도가 되면 두 글자, 세 글자, 네 글자로 된 문자의 열을 종이 위에 쓰지 않고 직접 보고 발음하게 합니다. 어린이들이 이것을 완전히 외운 다음에 비로소 나는 종이 위에 쓰게 했습니다. 그러나 처음에는 펜을 갖지 않고 쓰게 하고 그 다음 펜으로 종이에 쓰게 합니다. 왜냐하면 쓰기를 배우는 연습은 일종의 맞춤법 연습이므로 이중의 이득이 있기 때문입니다.

처음엔 손으로 쓴 문자를 읽힙니다. 그리고 며칠 후에 인쇄된 것을 읽게 합니다.

쓰기에는 다음과 같은 방법을 이용했습니다. 즉, 3자나 4자로 된 문자는 다른 글의 기본이 되므로 많은 시간을 주었습니다. 이 기본을 이리저리 맞추어 본 다음 다른 것을 공부하게 하였습니다. m과 a를 쓸 줄 알면 바로 man이라고 쓰게 하였습니다. 그리하여 그 단어를 완전하고 정확하게 쓸 수 있도록 했습니다. 어린이들이 새 글자를 알게 되면 이것을 이미 알고 있는 다른 글자와 결합시켜 세 단어가 되게 하였습니다. 이리하여

ABC의 제3부도 쓰기 전에 어느 정도의 단어를 쓸 수 있게 되었습니다.

어린이들이 이러한 3자만 올바르고 능숙하게 쓸 정도가 되면 그 이외의 문자도 쉽게 씁니다.

나는 어린이들과 같이 게디케가 지은 독본에 실린 지리와 박물(博物)을 펴보았습니다. 어린이들은 여러 나라의 지명을 정확하게 읽었습니다. 그리고 박물학의 초보적인 개념에 있어서도 판단력이 좋았습니다. 그들은 동물계나 식물계의 경험적인 지식을 그들의 경험에서 얻은 일반적인 개념 속에 포섭하는 술어로 판단하는 것이었습니다. 이것으로 나는 다음과 같이 확신하게 되었습니다. 즉, 이 부문에서 그들이 경험으로 알게 된 것을 다른 부문에서도 역시 알게 할 수 있는 단순한 방법과 수완을 가지고 있었습니다. 그러므로 이 방법과 수완으로 그들이 같이 일정한 교과 과정을 만들 수 있으리라고 생각하였습니다. 그 과정은 한편으로는 많은 사람들에게 쓸모있는 지식을 마련해 주어야 할 것이며, 또 다른 한편으로는 어느 특수한 부문에 뛰어난 재주를 가지고 있는 어린이들에게도 자신의 소양을 더욱 높이기 위하여 필요한 예비 지식을 충분히 공급할 수 있는 것이어야 합니다. 또 이 교과 과정 전체는 어린이들의 환경이 요구하는 대로 좁고 단순한 정신 위에 세워야 합니

다. 이러한 견해를 심리적으로나 인간적으로나 파악하
는 것은 인간의 재능을 정확하게 판별하며 장점을 실제
적으로 도와주는 데 가장 좋은 수단이라고 나는 생각합
니다.

내가 언제나 고수하는 원칙은 다음과 같았습니다.

1, 어린이들이 배운 것은 그것이 작은 일이라도 완성
시키며 절대로 퇴보시키지 않는다.

2, 배운 단어는 하나라도 잊지 않게 한다.

3, 글자 하나라도 서툴게 쓰는 일이 없도록 한다.

나는 진보가 느린 어린이에게는 진전이 있을 때까지
참고 기다리며, 그전보다 뒤떨어지는 어린이에게는 엄
격했습니다.

어린이들의 수가 많고 제각기 틀리는 점이 일을 쉽게
했습니다. 나이가 많고 재주가 있는 소녀들은 자기의
동생들을 위하여 무엇인가를 하고 싶어했습니다. 그리
고 그들은 어머니의 역할을 대신 할 수 있다고 자랑도
하고 기뻐하기도 하였습니다. 이 고아원의 어린이들도
자기가 아는 일을 남에게 가르쳐 주고 싶어하였습니다.
그럼으로써 그들에게 명예심이 생겨납니다. 그리고 자
기가 배운 것을 남에게 다시 되풀이하여 이중으로 공부
하였습니다.

그리하여 나는 어린이들 중에서 조수와 협력자를 얻

게 되었습니다. 나는 어려운 단어를 몇 개 외워 쓰게 하였습니다. 그리고 어린이가 알면 아직 모르는 어린이에게 가르쳐 주는 것이었습니다. 이와 같이 하여 나는 조수를 얻은 셈입니다. 그리고 어린이들 중에서 협력자를 구했습니다. 그는 미숙한 어린이들이 못 하는 일을 가르치는 재주가 있었습니다. 그는 언제나 고아원과 행동을 같이하며 고아원이 직면한 일에 신용을 얻어 쓸모가 있었습니다.

나 자신도 그들과 같이 배웠습니다. 고아원에는 모든 일이 소박하고 단순한 상태에 있습니다. 그러므로 나처럼 가르치기도 하고 배우기도 하는 것으로 만족하는 교사[8]는 별로 없을 것입니다.

나는 모든 교재를 단순화하여 일반 사람도 자기의 어린이들을 쉽게 가르칠 수 있게 함으로써 초보 교육에는 학교가 필요없을 정도로 하는 것이 목적이었습니다. 어머니는 자녀의 육체적인 면을 최초로 양육한 사람입니다. 동시에 하느님의 힘을 얻어 정신면의 양육자도 되어야 합니다. 어린이들을 일찍 학교에 보내며 가정에서 어린이들에게 손재주의 기술을 가르치는 데서 생기는 폐단은 너무 크다고 생각합니다. 어머니는 다른 사람의 도움 없이도 자녀들을 가르칠 수 있고 또 그것을 통하여 자신도 꾸준히 배우면서 진보하는 교수 수단이 단순화될 때 나의 이상이 이루어지는 것입니다. 여기서 경험으로 나의 판단이 옳았다는 것을 나는 증명할 수 있었습니다. 내가 목표로 하는 길로 따라오는 어린이들이 무럭무럭 자라나는 것을 나는 많이 보았기 때문입니다.

또 나는 언제나 다음과 같이 확신합니다. 이 학습 기관이 심리적으로 노작 기관(勞作機關)과 연휴(連携)된다면, 종래에 소비하던 10분의 1의 시간과 힘으로도 학습할 수 있다는 것과, 시간과 힘과 수단으로 볼 때 가정의 요구와 일치되며, 어느 부모나 자신 또는 가족의 누구에게 시켜도 이 교수법에 숙달할 수 있다는 것입니다. 그것은 교수방법이 단순화되고 훌륭하게 교육받은 사람이 많아질수록 더욱 쉽게 이루어질 것입니다. 나는 이러한 시대가 올 것으로 믿습니다.

이러한 시대가 오면 나의 경험이 중요하게 될 것입니다.

1, 나이 차이가 심한 어린이라도 일시에 배울 수 있으며, 또 그것이 용이하다는 것입니다.

2, 어린이들은 노작을 통하여 가르칠 수 있다는 것입니다.

이 교육법도 암기하는 일로 보이며, 실제 외면적인 형식으로 암기하는 일이 되어야 함은 자명한 일입니다.

그러나 심리학적으로 배열된 인식을 통하여 기억이 진행되며 또 다른 정신력을 운동시킵니다. 어려운 글자를 연결시키려는 기억은 상상력을 활동시킵니다. 수의 계열에서 생기는 기억은 정신을 단순한 것과 광범위한 것에 집중하게 합니다.

노래의 가사를 기억함으로써 우리는 마음속의 조화와 고상한 감정에 대한 감각을 발전시킵니다. 그러므로 기억은 모든 종류의 정신훈련을 확실하게 해주는 방법이 되는 것입니다.

이와 같이 연습한 결과 어린이들의 정신은 깊어질 뿐 아니라 정신이 성장하여 인간의 지혜의 기초가 여러 모로 굳세게 발전되었다고 볼 수 있게 되었습니다.

친구여! 가장 분별 없는 어린이들도 눈물을 흘리며 그 순박한 마음씨를 스스로 키웠습니다. 그리고 분별 있는 어린이는 더욱 자신을 향상시켰습니다. 그러나 완성되었다고는 하지 마십시오. 감정이 최고조로 달한 바로 그 순간에 질서 없고 불쾌한 시간이 오는 것입니다.

나 역시 항상 같은 마음으로 일할 수는 없었습니다. 악의와 조소(嘲笑)에 싸인 나를 당신은 보았겠지요. 힘차게 뻗어가는 나무에 벌레가 있듯이 나의 사업에도 남몰래 악의가 있었습니다.

그들은 사람들이 감당하지 못할 만큼의 많은 짐을 진 나를 비방합니다. 그리고 마치 지혜 있는 사람처럼 나를 충고하고 또 지시합니다. 그들은 자기 발에 맞는 신골〔靴型〕을 내게 줍니다. 그것이 내게 맞지 않으면 그들은 나에게 그들의 슬기롭고 좋은 충고를 받아들일 능력이 없으며 그와는 함께 일도 할 수 없으며 정신 이상자라고 하는 것이었습니다.

그러나 친구여! 나의 이 사업에 그래도 성의를 보여준 사람은 카프친 파의 신부들과 수녀들이었습니다. 그리고 깊은 관심을 가진 사람은 트루트만[9] 씨밖에 없었습니다. 내가 기대했던 사람들은 정치적인 일과 관심사에 몰두하고 있었기 때문에 나의 이 작은 사업이 그들에게는 안중에도 없었습니다.

그러나 이것은 나의 꿈이었습니다. 이 꿈이 실현되는 날도 가까웠다고 믿어지는 때에 나는 슈탄스를 떠나게 되었던 것입니다.[10]

㈜

1 J.L. Legrand(1775~1836). 1798년에서 1799년까지 스위스 공화국의 집정 내각 장관의 한 사람으로서 페스탈로치의 사업을 많이 도와 주었음.

2 P.A. Stapher(1766~1840). 집정 내각의 문교 담당 장관.

3 A. Rennger(1764~1825). 집정 내각의 내무부 장관.

4 1798년 9월 프랑스 군대가 구정치 체제인 스위스 연방 체제의 헌법을 고수하는 운더발덴 지방을 무력으로 진압하였음.

5 1799년 4월 5일 전소되었음.

6 뷴덴 지방에 소요 사건이 일어나 새로운 공화 체제를 지지하

　는 진보파들이 추방당하는 사태를 빚어냈다.

7　Friedrich Gedike(1751~1803).

8　서로 배우고 서로 가르치면서 서로가 성장하는 모습을 말함.
　교사란 생도에게 정선된 지식을 억압적인 방법으로 주입시키
　는 게 아니고, 생도와의 지적·영혼적 대화를 통해서 새로운 지
　식과 가치를 공동으로 생산하는 교육의 터전을 적절하게 만들
　어 내는 사람이다. 이런 교육의 모습을 소크라테스는 산파법에
　비유하면서, 교육이란 어린이들이 지니고 있는 소질을 꺼내도
　록 도와주는 일이라 했고, 따라서 교육이란 결국 하나의 영혼
　이 다른 하나의 영혼을 인격으로 포섭하면서 대화를 통하여
　'진리를 공동 생산'하는 행위라고 했다. 참으로 위대한 교육의
　정의이다.

9　I.Trutmann(1752~1821). 슈탄스 고아원을 돌본 정부측
　위원.

10　1799년 프랑스 군이 고아원이 있는 슈탄스에 진주하게 되
　자 페스탈로치는 이 고아원을 육군병원으로 전용할 터이니 명
　도하라는 명령을 받게 되었다. 페스탈로치는 겨우 질서가 잡히
　고 터전이 잡힌 고아원을 할 수 없이 명도하고 어린이와 작별
　한다. 고아들은 뿔뿔이 헤어졌으나 몇몇은 종교 단체에 의하여
　다시 다른 곳에 수용되기도 했다. 그후 페스탈로치는 몸과 마
　음의 휴양을 찾고자 그리니겔 온천에 가서 잠시 머물면서, 이
　〈슈탄스 고아원에서〉라는 편지를 썼던 것이다.

7 강연집

뮌헨부흐제 고별 강연

사랑하는 학생 제군들이여!

나는 오늘을 마지막으로 이 학원을 떠나게 됩니다. 이제 잠시 여러분과 더불어 예수 그리스도에 대해서 생각할 수 있는 기회를 갖게 되어 감사합니다. 그는 여러분의 구원자이십니다. 이 생각이 여러분 가슴속에 살아만 있다면 나의 뜻은 이루어진 셈입니다. 그는 인류를 위하여 자기의 몸을 바쳤습니다. 그는 인류와 하느님을 위하여 살았습니다. 인간은 버림받고 비참한 상태에 있습니다. 그는 이 인간을 찾아온 것입니다. 그는 인류를 위하여 밤낮으로 노력했습니다. 완전히 버림받은 인류를 다시 하느님 앞으로 인도한다는 것은 그렇게 어려웠기 때문입니다.

그러나 그는 성공했습니다. 이 땅 위에 있는 인간들은 이마를 찌푸리며 그를 어리석다고 했습니다. 그의 삶은 불쌍한 노예의 삶과 같기도 했습니다. 그러나 그는 자신의 뚜렷한 목표에 충실했습니다. 그는 세상 사람들의 비난을 무시했습니다. 그리하여 그는 하느님의 뜻과 인간의 축복만을 생각했던 것입니다.

그는 세상을 완전히 단념함으로써 모든 외적인 관계를 버리고 그 목적만을 위하여 일할 수 있었습니다. 그는 승리했습니다. 하느님은 그를 안아 주셨습니다. 그리하여 많은 환난과 고통을 겪게 한 후 하느님은 그를 다시 안아 주신 것입니다.

이 예수 그리스도가 여러분의 가슴속에 살아 있어야 합니다. 모든 선은 여러분의 가슴 깊은 곳에서 나와야 합니다. 예수 그리스도를 생각함으로써 여러분의 가슴이 맑아지고 고상해져야 합니다. 그를 생각함으로써 여러분의 마음이 하느님에게 드높여져야 합니다. 예수 그리스도가 우리에게 보여 준 길과 그 안에서의 숭고한 삶을 생각하십시오. 이것은 여러분에게 복을 줄 것입니다.

여러분이 예수를 생각할 때에는 나도 기억하여 주십시오. 여러분을 예수 앞으로 이끌려고 나는 노력했기에 말입니다. 여러분과 헤어지는 마지막 아침입니다. 이제 여러분에게 내가 무엇을 가르쳤는지 회상해 봐야 할 시간입니다.

여러분은 나를 따라 이곳에 왔습니다. 나는 여러분을 맡았습니다. 나는 이런 의무를 맡았습니다. 나는 힘껏 그것을 다하려 하였습니다. 나는 주위에 있는 모든 사람을 만족시키려 하였습니다.

나는 여러분 안에 신적인 마음씨를 싹틔워 키우려고 노력했습니다. 나는 여러분께 다음과 같은 두세 개의 으뜸된 개념을 새겨 넣으려고 했습니다. 이것만 갖춘다면 여러분의 삶은 확고할 것입니다. 여러분은 이것을 아침 저녁으로 새김질하십시오.

사고하기 위하여 머리를 도야(陶冶)합시다.

이웃에게 선을 베푸는 일을 할 수 있게 가슴을 도야합시다.

몸과 손, 발을 도야함으로써 기술을 가집시다.

여기에는 노력이 필요합니다. 자기 자신을 극복해야만 됩니다. 그리고 그것은 예수 그리스도를 통해서 우리에게 보여진 신적인 뜻을 우리가 눈여겨봄으로써 얻어집니다.

이것이 초점입니다. 여러분은 이 초점을 잃지 마십시오. 나는 여러분을 마음속으로 사랑합니다. 내가 여러분께 가르친 것을 잊지 마십시오. 나는 시간과 휴식을 여러분을 위해서 바쳤습니다. 여러분의 소질이 싹터 자라서 나는 기쁩니다. 여러분께 걸었던 나의 희망은 큽니다. 이 기대를 어긋나게 하지 마십시오.

여러분이 장차 성장하여 자유롭게 행동할 수 있게 될 때 빈민과 민중을 위하여 살아 주십시오. 그럼으로써만 여러분은 예수 그리스도를 닮을 수 있습니다.

여러분이 나를 회상하는 것만큼 나도 여러분을 회상하고 나의 가슴을 여러분께 쏟을 것입니다. 여러분이 나를 회상하는 뜻이라면 무엇이나 나를 항상 기쁘게 할 것입니다. 나를 사랑한다면 그렇게 하여 주십시오.

여러분의 인식력과 심정과 사랑이 어서어서 자라기를 나는 원합니다. 내가 언젠가 다시 여러분 앞에 나타났을 때 여러분이 모든 면에서 지금보다 훨씬 자랐으면 얼마나 좋을까요. 여러분과 헤어지는 것이 나는 슬픕니다. 여러분을 깊이 사랑하기 때문입니다. 그러나 여러분을 잘 도와줄 분이 계셔서 나는 안심이 됩니다.

나를 잊지 마십시오. 나도 그대들을 잊지 않으리니!

［1804년］

신년 강연(1809)

한 해가 지나갔습니다. 나는 다시 여러분과 같이 있습니다. 나는 지나간 1년에 있었던 모든 일들을 돌이켜 생각해 보고 느낀 바가 많습니다. 나는 지난 해 여러 가지 슬픔과 근심이 있었습니다.[1] 그러나 이제 그것은 사라졌습니다. 지난 해 나는 많은 짐을 졌습니다. 그러나 지금은 훨씬 가벼워졌습니다. 여러분은 모두 나이도 한 살 많아지고 힘도 강해졌습니다. 우리의 수도 늘어나고 많아졌습니다. 우리는 뭉치게 되었습니다. 굳세게 뭉치게 되었습니다. 우리에 대한 세상 사람들의 믿음과, 단결에 대한 믿음도 커졌습니다.

우리의 활동에 대한 세인(世人)의 주목은 그 극치에 달하고 있다고도 할 수 있겠지요.[2] 수천 수만의 귀인(貴人)들의 눈이 큰 기대를 가지고 우리를 지켜 보고 있습니다. 교양이 있는 많은 사람들이 여러 모로 올바르게 우리를 평가하고 있습니다. 여기저기서 그들은 즐거이 깊은 사랑의 손길을 뻗치고 있습니다. 우리의 활동과 목적은 시대의 바람을 타고 유리하게 전개되는 것 같습니다. 어떠한 불행도 우리의 핵심을 파괴하지 못합니다.

우리는 모두 건강합니다. 건강에 넘쳐 있다고 할 수도 있겠지요. 모두가 만족스러워할 기초를 우리는 여러 모로 튼튼히 했습니다. 우리 사업도 힘차게 살아나고 있습니다. 우리가 꾀한 기초 도야의 수단도 인간 본성 속에 더욱 깊이 파고들어갔습니다. 그것은 더욱 넓어졌고 더욱 확고하게 되었습니다. 그리하여 그 성과는 더욱 굳건하여지고 더욱 명백해졌습니다. 우리의 환경은 더욱 밝아졌습니다.

나도 또한 더욱 늙어만 갑니다. 1년 전만 해도 비바람 속에 나의 삶은 헛되이 사라지고 어두운 추위 속에서 나의 이 사업은 태양을 다시 못 본 채 죽게 되는 것으로 믿었습니다. 그러나 해가 다시 비쳤습니다. 내가 도저히 바라지 못했던 이 사랑스러운 햇빛이 말입니다. 그 아름답고 희망에 넘치는 석양 놀이 내 삶의 석양을 비춘 것입니다.

나는 이제 관(棺)을 생각하지는 않습니다.[3] 1년 전, 나는 마음의 예감을 나타내기 위하여 내 방에 관을 놓았던 것입니다. 그때 나는 죽을 것만 같았고, 이 시간까지 살아 넘기지 못할 것으로 알았습니다. 죽음 이상의 것을 나는 믿었고 두려워했습니다.

아! 그러나 죽음 따위는 나에게는 아무것도 아니었습니다. 이 늙고 괴로움 많은 사람이 삶에 무슨 애착이 있겠습니까. 죽음의 괴로움에서 나를 구원할 것입니다. 죽음은 나의 굴레를 벗겨 줄 것입니다. 죽음은 인생을 짐의 굴레에서 해방시켜 줍니다.

그러나 죽음은 그 이상의 것이기도 합니다. 그것이 나는 무서웠습니다. 즉, 나의 모든 정성을 쏟은 이 사업, 나의 생명인 이 사업이 무너지는 것이 무서웠습니다. 나는 그것을 유지하지 못하는 것이 무서웠습니다. 나는 그것을 간직하지 못하는 것이 무서웠습니다. 그 사업은 나의 수중에서 너무나도 쉽게 자랐습니다. 오랜, 참으로 오랫동안 괴로움에 시달린 끝에 그것은 너무나도 빨리 커졌습니다. 적어도 나에게는 그렇게 보입니다. 그것이 터무니없이 커짐으로 해서 나는 놀라고 또 놀라야만 했습니다. 그것은 그 크기에 맞는 요구를, 그러니까 우리의 힘으로는 감당하지 못할 요구를 갖게 될 것이기에 말입니다.

그러나 그것은 넘어지지 않고 아직도 서 있습니다. 동지들이여, 그것은 넘어지지 않고 아직도 서 있습니다. 하느님이 살려 주셨습니다. 사람의 손으로는 그것을 살릴 수가 없습니다. 우리의 손으로는 그것을 살릴 수가 없습니다. 하느님이 그것을 살려 주셨고, 주님, 그것을 살려 주셨습니다. 찬송하며 감사할지어다. 높고 아름다운 찬송을, 그리고 귀엽고 사랑스러운 감사를 그에게 드릴지어다. 그는 우리의 사업을 살려 주셨습니다. 그는 생명의 아버지이시며 일용할 양식을 주시는 아버지이시며 세세 연년의 지배자이십니다! 그는 지난 한 해 동안 우리에게 복을 주셨습니다. 그에게 찬송과 감사를! 그는 생명의 영원한 아버지이시며 인간의 운명의 영원한 영도자이십니다! 그가 내 생명의 사업을 구원하셨습니다.

나는 고개를 숙입니다. 깊이 숙이면서 스스로 물어 봅니다. 과연 나는 하느님의 은혜를 받을 자격이 있는 가? 나는 사업에 구원받을 자격이 있는가? 하느님이 이 일 년 동안 나와 우리 학원에 베푸신 모든 은혜에 내가 합당하다는 말인가? 하느님이여, 저 같은 사람이 하느 님의 은혜를 받을 자격이 있습니까? 당신이 주신 이 기 적을 제가 받을 자격이 있다고 저는 잠시도 생각하지 못했습니다. 당신은 이 기적을 통하여 어버이의 사랑으 로 연약한 우리의 모든 것을 도와주시사 지난 해 우리 가 처한 위험에서 우리를 건져 주셨습니다.

지난 해는 우리에게 특별한 해였습니다.

우리가 미처 생각지 못할 정도로 이 사업이 요구하는 것이 많았습니다. 우리는 미처 느끼지 못할 정도로 우 리의 연약함을 느꼈습니다. 우리의 형편은 급박해서 거 의 우리의 삶을 삼킬 것만 같았습니다.

우리는 힘에 겨웠습니다. 우리가 스스로 도우려고 한 수단은 더욱 우리의 괴로움을 증가시켰습니다. 우리의 인 간적인 행위를 영원한 안개가 가리는 것만 같았습니다.

새해의 첫 즐거운 시간에 하느님께 감사를 드릴지어 다. 그는 우리 사업의 구원자이시며 우리 삶의 아버지 이십니다. 그는 모든 거룩함과 모든 착함의 영원한 원천이십니다. 그가 우리를 묶어 주셨습니다. 나는 그에게 감사합니다. 나는 스스로 생각해 봅니다.

그리고 나는 알았습니다. 하느님의 은혜를 받을 자격이 너무나 없고 내 생애의 사업을 구원받을 자격이 너무나 없는 것을. 은혜 많으신 하느님, 나의 사업을 손으로 받쳐 주셔서 참으로 감사합니다! 나는 이 많아져만 가는 의무를 감당할 수가 있다고는 도저히 생각하지 못했습니다. 생각하면 할수록 두려움과 부끄러움이 앞섭니다. 종교가 요구하는 것, 인간이 요구하는 것, 그리고 이와 같이 수가 많아져서 나의 가까운 동지들이 사라진 나의 학원이 나에게 요구하는 것을 생각할 때 더욱 그렇습니다.

나에겐 죽음이 가까웠고 전보다 훨씬 휴양이 필요하게 되었습니다. 나날의 일에 약해지고, 모든 일에 불안해지고, 모든 위험에 사려가 부족하고, 모든 결단에 생각이 미치지 못해만 갑니다. 나는 내가 시작하고 지도해야 할 모든 일에 손이 미치지 못하고 익숙하지 못합니다. 이러한 내가 여러분의 으뜸으로 앉게 되었습니다. 이것에는 높은 침착성과 큰 사려와 깊은 숙려와 최고의 재능과 숙달이 필요합니다. 인간의 사업은 이러한 것이 필요한 것입니다.

이러한 나의 온갖 부족함을 채워 줄 만한 것을 가지

지 못했습니다. 내가 가지고 있는 것이란 '사랑'과 그리고 나를 절대로 버리지 않으신 '하느님의 은총에 대한 나의 예감'뿐이었습니다. 그러나 이 예감과 사랑은 적절한 내면적 능력으로도 그리고 적당한 외면적 수단으로도 나를 이끌어 주지는 못했습니다. 그리하여 나의 사업은 몇 해 동안 침체 상태에 있었습니다.

그러나 이것은 나의 사업은 아니었습니다. 내가 발견한 것을 내가 시작한 것은 아닙니다. 내가 헤엄쳐야 할 바다를 나는 몰랐습니다. 나는 이제야 이 거친 파도 속에서 항구를 발견한 것입니다. 내가 하고 있는 것은 나의 사업이 아닙니다. 나의 주위에서 완성된 것은 내가 시작한 것이 아닙니다. 내가 시작하지 않은 것을 어찌 내가 완성시켰겠습니까. 나는 운명의 은총 속에 있었고 그 운명이 스스로 나를 이 사업으로 이끈 것입니다. 나는 하느님의 은총 안에 있었습니다. 하느님이 나를 이끌어 주셨습니다. 나는 사람들과 동지들 사이에 있었습니다. 하느님이 동지를 주셨으며 보내셨습니다. 나의 사업은 지금 나를 둘러싸고 있는 여러분의 것입니다. 나의 사업은 여러분을 통해서 이루어졌습니다. 나의 도움은 아주 적었습니다. 나의 도움은 적었고 앞으로도 더욱 적어질 것입니다.

오늘의 성과는 여러분의 성과이며 앞으로의 성과도

여러분의 성과일 것입니다. 여러분이 나를 버림으로써 내가 이 사업을 위하여 다시 새 발판을 찾는다는 불행한 일을 하느님이 시키시지 않을 것입니다. 나는 여러분께 감사를 드리려고 합니다. 그러나 나를 이처럼 도와준 여러분께 어떠한 감사의 말이 있겠으며, 나의 사업을 이처럼 받들어 준 여러분께 무슨 감사의 말이 있으리까. 나는 슬픕니다. 나는 여러분에게는 너무도 부족한 사람입니다. 곰곰이 생각하면 나는 도무지 나의 사업에 합당한 사람이 아닙니다. 나는 알고 있습니다. 나의 약함은 나의 사업의 장애물이 되고 있다는 것을. 이 사업의 모든 일에 강해야 할 내가 실제는 왜 이렇게 약합니까! 눈앞의 인상에 나는 너무나도 사로잡혀 지나간 일과 앞으로의 일에 대한 생각이 부족합니다. 나는 너무도 감정적이며 충동적이어서 급박한 사태에 차분하고 원만하게 일을 처리하지 못했습니다. 여러분은 장차 나와 같은 나이가 되어 이런 모습이 되지 않기를 바랍니다.

가슴에 넘치는 사랑으로 떠받들었어야 할 일에 나는 용기를 잃었습니다. 이 학원을 거룩하게 묶고 있는 단결의 유대를 더러는 끊기도 했습니다. 그 유대로 인한 거룩한 결합으로 나의 사업은 하느님의 손에서 우리에게 넘겨진 것처럼 보였는데도 말입니다. 사랑도 꺼지는

가 했습니다. 나의 약한 위인 됨을 채워 주는 단 하나
의 것인 사랑까지도 시드는가 했습니다. 내가 따르는
하느님의 거룩한 예감까지도, 그가 나에게 주신 고난
때문에 흐려지는가 했습니다. 하느님이여, 나는 당신이
나에게 주신 은총에 합당치 않은 사람이 되어 버렸던
것입니다.

　이 사업이 무너졌다면 그것은 나의 책임이요, 다른
누구의 책임도 아닙니다.[4) 그러나 하느님은 그것을 살
리셨습니다. 그는 나의 연약함을 돌보시고 나를 혼란
속에서 건지셨습니다. 이 사업이 아직도 건재함을 나는
하느님께 감사드립니다. 그것은 하느님의 사업이므로
건재합니다. 이러한 것이 섭리의 기적입니다. 구태여
인간적인 사업이라 한다면 그것은 나의 사업이 아닙니
다. 그것은 우리들의 단결로써 이룩된 사업입니다.

　그것은 여러분이 처음부터 힘써서 이룩한 성과입니
다. 그것은 처음부터 여러분이 나에게 보여 준 큰 사랑
과 큰 신뢰와 깊은 신의의 덕택입니다. 이 사업은 오랫
동안 많은 희생과 노력으로 이 목적을 위하여 결합된
협동의 사업입니다.

　그것은 나에게 없는 뛰어난 재능의 덕택이며, 나에게
없는 많은 능력의 덕택이며, 나에게 없는 많은 지식과
기능의 덕택입니다. 그것은 나와는 반대 성격을 가진

사람들의 역행(力行)을 필요로 했었습니다. 그것은 나와 같이 연약한 성격을 가지지 않은 사람들을 필요로 했습니다. 나는 차분하지 못하며 격정적입니다. 나는 맹목적으로 사람을 믿습니다. 늘 마음이 들떠 있습니다. 갑자기 마음이 부풀어 하늘로 올라가는가 하면 금세 다시 땅으로 꺼져 들어갑니다. 믿는 사람에게 배신당했다고 예감하면 나는 극도로 의기소침해집니다. 아! 이 많은 나의 약점은 나이와 더불어 더해만 갑니다. 만일 하느님이 여러분을 나에게 보내 주시지 않았더라면 나의 사업은 벌써 무너져 버렸을 것입니다.

하느님은 나의 사업에 위로부터 기적을 내려 주셨습니다. 그는 하늘에서 도와주셨습니다. 그것을 생각할 때마다 나는 또한 여러분이 나에게 준 인간적인 원조에 감사합니다. 나는 겸손히 고개 숙여 나의 숱한 약점을 돌이켜 봅니다. 이런 약점 때문에 나는 하느님이 이 사업을 주관하시는 섭리에 어긋나게 행동했습니다. 이 엄숙한 순간에 여러분 앞에서 나의 구원자이신 그에게 서약합니다. 당신의 은총을 제가 좀더 값지게 활용할 수 있게 되기를! 동지들이여! 나는 여러분께 또한 서약합니다. 나는 약해서 이 사업에 베푼 여러분의 역량을 도리어 헛되게 하였습니다. 그러나 이 엄숙한 순간에 서약하렵니다. 나는 이제부터 나의 약점을 항상 돌이키고 날로날로 그것을 극복하렵니다. 그리하여 모든 일에 여러분과 뜻을 맞추어 나의 생명인 이 큰 목적을 향해 나아가렵니다.

동지여! 사랑스럽고 귀한 사람들이여! 우리는 단결로써 오늘을 이룩했습니다. 하느님이 우리를 깨워 주셨기 때문에 우리는 이 한 몸 된 진실한 단합을 유지하고 있습니다. 우리는 가난과 싸우고 자기를 희생하는, 이 세상에서는 보기 힘든 일을 합니다. 그것은 많은 사람의 가슴에 신적인 것에 대한 믿음을 새롭게 했고, 인간성 안에 있는 영원한 것에 대한 믿음을 새롭게 했습니다.

나의 약함과 여러분의 약함이 이 단결을 파괴할 수가 있겠습니까? 그러기에 하느님은 우리를 보살펴 주시는 것입니다! 파괴되어서는 안 됩니다. 이 엄숙한 순간에 우리는 다시 한 번 우리를 단결시켜 주고 있는 성스러운 것과 영원한 것에 성실하고자 합니다. 인간성의 기대를 저버리지 맙시다. 하느님이 도우셔서 우리가 이와 같이 건설한 이 사업을 위하여 새로운 힘으로 전진합시다.

그대 전능자여! 우리를 주관하시는 아버지시여, 당신이 나에게 주신 은총의 기적을 완성하게 하옵소서! 나의 동지들의 마음을 내가 죽을 때까지 유지케 하여 줍소서! 이 단결의 유대를 유지하사 이 사업을 완성하게 하옵소서. 당신은 우리 마음에 그것을 심어 주셨고 당신은 은총으로 오늘날까지 그것을 보호하셨나이다!

하느님이여, 나의 창조주여, 당신이 나에게 주신 단 하나의 힘을 내가 간직하게 하옵소서. 사랑을 간직케 하옵소서! 나는 동지들에게 많은 빚을 지고 있나이다. 아! 감사의 마음을 내가 평생토록 잊지 않게 하옵소서. 여러분에 대한 나의 사랑을 새롭게 하옵소서. 지금 이 자리에 나를 둘러싸고 있는 이 희망에 넘치는 소년들에 게 대한 나의 사랑을 새롭게 하옵소서. 내 삶의 보람은 그들 위에 있습니다. 여러분이 내 삶의 값을 결정하게 됩니다. 결정해야만 됩니다. 다른 아무것도 그것을 증 명할 수는 없습니다.

나는 여러분에게도 한 마디 하련다. 내가 깊이 사랑 하는 소년 소녀들이여, 다시 찾아온 새해의 이 엄숙한 순간에 사랑하는 어린이들이여, 여러분에게도 말하련 다. 어버이로서의 감정에 벅차서 말이 잘 나오지 않는 구나. 나는 여러분 모두의 가슴을 껴안고 즐거움에 울 면서 이렇게 감사하고 싶구나.

"하늘에 계신 아버지시여, 이 어린이들을 저에게 맡 겨 주서서 감사합니다."

나는 무릎을 꿇고 엎드려 하늘에 계신 아버지께 이렇 게 말하고 싶구나.

"주여, 보소서. 여기에 나와 당신이 주신 어린이들이 있나이다."

나는 무릎을 꿇고 엎드려 하느님께 말하고 싶구나.

"나를 용서하소서, 아버지시여. 나는 사랑하는 이들에게 해야 할 일을 못 다했습니다. 나를 용서하소서, 나는 그들에게 아버지로서의 할 일을 못 다했습니다."

나는 무릎을 꿇고 엎드려 말하고 싶다.

"주여, 당신은 나의 연약함을 아나이다. 당신이 나의 어깨에 얹어 주신 이 짐은 나에게는 너무나 크나이다. 그래서 당신은 그 짐을 나누어 질 교사들을 저에게 주셨사옵니다. 당신은 나와 나의 동지들을 불러 주셔서 나와 함께 그들의 아버지가 되게 하셨습니다. 성령이여, 사랑과 지혜의 영이여, 예수 그리스도의 영이여, 우리가 당신 손에서 이어받은 이 사업을 당신을 힘입어 거룩하게 완성하도록 하옵소서. 아버지여, 이 어린이들이 당신의 사랑과 우리의 사랑의 손을 믿음으로써 당신의 자녀가 되게 하옵소서. 전능하신 하느님 아버지시여! 저에게 은총을 주사 지금부터 이 사업! 당신이 나에게 주신 이 자녀들을 위해 힘차고 씩씩하게 그리고 굳세게 살게 하옵소서. 이 어린이들에의 애착과 의무에서 내 마음이 떨어지고 멀어짐은 용서 못 할 큰 죄이며 치욕임을 나에게 다짐케 하옵소서. 오, 하느님이시여,

이 어린이들의 행복을 나의 행복으로 여기고 여기서 무서워 떨면서 일하게 하옵소서. 오! 하느님이시여, 지금부터 그들의 행복이 내가 위해야 할 단 하나의 것이라는 걸 느끼며, 알며 존경하게 하옵소서. 저에게 진지하고 굳센 믿음을 주사 내가 다해야 할 이 단 하나의 것을 흡족히 실행하게 하옵소서. 그리하오면 나에게 필요한 다른 모든 것은 당신이 주실 것이며 당신을 통해서 주어질 것입니다. 나는 이 시간, 이 순간부터 하느님 앞에서 지금 맹세한 일을 시작하렵니다. 여러분과 동지들 앞에서 이 거룩한 시간에 하느님 앞에 엄숙히 이 일을 서약합니다."

나의 사랑하는 어린이들이여! 새해의 이 기쁜 시간에 여러분도 마음을 하늘에 계시는 아버지에게까지 높여 다오. 그리하여 감사와 순종으로 그의 자녀가 되겠다고 약속하여 다오. 어린이들이여, 그대들의 행복은 크다. 이 시각에도 다른 곳에서는 많은 어린이들이 방종과 방탕으로 파멸되고 있다. 그들은 가난에 시달리고 격정에 사로잡혀 있다. 그러는가 하면 많은, 헤아릴 수도 없이 많은, 돈이 많고 행복한 어린이들도 있으나 그들은 미움과 폭력과 어긋난 지도로 혼돈되어 있기 때문에 자연스러운 교육을 받지 못하고 있는 것이다. 그들은 단편

적인 겉치레의 지식과 또한 유행적인 기능을 주입받고
있다. 그리하여 그들은 이 세상의 희생물이 되고 있다.
그러나 이곳에 있는 여러분, 우리는 방종도 방탕도 하
지 않고 있다. 여기서는 궁핍도 나쁜 영향을 주지 않는
다. 여기서는 여러분의 교육에 격정이라는 그릇된 충동
이 스며들지도 않고 있다.

우리들은 허영·공포·명예·치욕·상·벌도 없다. 다른
곳에서는 모두 인위적이고 계획적으로 이러한 것을 쓴
다. 그러나 우리는 여러분이 가야 할 삶의 길을 보이기
위해서 이런 것을 쓰지 않는다. 여러분 안에 깃들여 있
는 하느님의 본성을 우리는 거룩하게 여긴다. 여러분이
우리와 더불어 있는 까닭은 여러분의 안과 밖에 있는
하느님의 본성이 서로 하나가 되기 때문이다.

여러분의 천성과 천분에 대하여 우리는 그릇된 폭력
을 쓰지 않는다. 우리는 그것을 막지 않고 그것을 개발
시킨다. 우리는 우리의 것을 여러분에게 주입시키려는
것은 아니다. 우리 안에 타락되어 있는 것을 주입시키
려는 것도 아니다. 여러분 속에 타락되지 않고 순수히
간직되어 있는 것을 우리는 개발할 따름이다. 여러분의
존재와 인간성이 어느 한 사람의 힘과 어느 한 사람의
견해로 인해서 좌우되는 경우도 있을 수 있다. 그러나
여기에 있는 우리들은 그러한 희생을 당하는 일은 있을

수 없는 일이다.

우리는 여러분을 우리 같은 인간으로 만들려고 하는 것은 아니다. 우리는 여러분을 일반적인 인간으로 만들려고 하는 것도 아니다. 여러분은 여러분의 천성대로의 인간이 되어야 하며, 여러분의 천성 안에 있는 신적인 것과 성스러운 것의 요구에 맞는 인간이 되어야 한다. 우리는 이를 위하여 여러분께 손을 빌려 주는 것뿐이다.

하늘에 계시는 아버지시여, 우리 사업의 목적이 언젠가는 여러분에게, 그리고 여러분을 통해서 밝혀지며 굳건하게 되게 하옵소서.

우리 사업은 지능이나 기능을 위한 노력이 아니고 인간성을 위한 것임을 우리의 주위 사람들은 알고 있다. 그것은 사업이 미치는 범위 내에서 인간의 재치와 기능을 도야하는 것은 절대 아니다. 이 사업은 인간성의 낮은 소질과 감각적인 힘을 도야하려는 것도 아니다.

오! 하느님이여, 절대 아닙니다. 나는 이 사업으로 인간성을 가장 높고 가장 귀하게 높이려는 것입니다. 나는 그것을 사랑으로 이룩하렵니다. 나는 이 성스러운 힘이 인간 도야의 기초이며 이것이 인간 본성 안에 있는 신적인 것과 영원한 것에 우리를 이끈다고 생각합니다. 우리 안에 있는 모든 정신과 기능과 통찰력 등의

소질은 심정의 도야 수단이며 그것은 사랑에까지 거룩
하게 드높여져야 한다고 믿습니다. 인간이 드높여짐으
로써만 인류를 인간으로 도야할 수 있다고 나는 생각합
니다. 사랑, 그것은 우리 본성을 인간성으로 도야하는
단 하나의 그리고 영원한 기초입니다. 내가 머리를 일
방적으로 도야함으로써 인간성을 도야하려 하고 있다,
또는 계산과 산술을 일방적으로 시키면서 그것을 바라
고 있다, 이렇게 사람들은 믿고 있는데 그것은 큰 오해
이며 속임수입니다.[5] 나는 사랑의 보편성으로 그것을
하렵니다. 다시 말하면 나는 수학 교육이 아니고 인간
교육을 원합니다. 이러한 것은 사랑에서 나옵니다.

어린이들이여, 내 사업의 목적은 사랑이며 사랑을 통
해서 인간성까지 높이려는 것임을 여러분이 앞으로 오
래 사는 동안 밝혀 다오. 그것을 밝혀 다오. 그러면 내
가 인간성 이외의 다른 것을 원한다는 오해, 즉 가난하
고 굶주리는 농민이 밥벌이를 좀더 쉽게 할 수 있게 새
로운 방법으로 교육을 모색한다는 오해는 사라질 것이
다. 사랑하는 어린이들이여, 이 오해를 없애 다오.[6] 사
람들은 이 오해를 나에게서가 아니고 나의 사업에서가
아니고 여러분을 지도하는 나의 방법에서가 아니고 나
의 저작을 훑어봄으로써 하고 있는 것이다. 이러한 오

해는 개개의 소질과 힘을 개발하는 특수한 방법에 기인
하고 있다.

그러나 여러분의 모습 자체가 이 그릇된 견해를 반박
할 것이므로 내 마음은 지극히 평안하다.

여러분이 이 학원에 들어온 후 나는 이제야 겨우 여
러분을 잠깐 보았습니다.[7] 나는 여러분과 별로 이야기
도 하지 못했습니다. 그러나 나의 마음은 감동으로 벅
찹니다. 다른 곳에서는 기계적으로 훈련받기 때문에 아
이들은 퍽 비참합니다. 그러나 여기 여러분에게는 그런
것이 없습니다. 자유, 용기 그리고 고상한 노력으로 높
고 숭고한 것을 이룩하자! 이것이 여러분의 이마와 여
러분의 눈망울에 나타나 있음을 나는 여러분을 보고 여
러분의 모습 속에서 읽었습니다. 사랑의 환희가 여러분
의 눈동자에 넘쳐 흘렀습니다. 여러분의 입술에는 평화
가 있습니다! 본래의 여러분, 하느님께로부터 주어진
여러분 자신은 우리가 생각했던 것보다 훨씬 훌륭했습
니다. 여러분에게 깃들여 있는 재능은 그대로 여러분의
개성에 나타나 있습니다. 그것은 우리가 여러분에게 준
것 같지 않았습니다. 물론 우리들은 새로운 방법으로
우둔과 이기와 빈곤한 시대 정신을 타파했습니다. 우리
들은 가난할지 모릅니다. 우리들은 돈과 허영으로 되는

예술 교육은 하지 않습니다. 그러나 우리는 인간성 안에 깃들여 있는 정신과 심정을 드높여 주고 있는 것입니다.

세상 사람들은 "마른 풀만 먹을 팔자로 태어났으면 마른 풀만 먹어야지." 이렇게 말하고 있습니다. 그러나 우리는 그렇게 생각하지는 않습니다. 짐승같이 살아야 할 팔자로 태어난 계급은 있을 수 없다고 우리는 생각합니다. 인간 본성의 갸륵한 소질은 어느 계급의 사람, 어느 신분의 사람에게도 똑같이 있다고 우리는 믿습니다. 바른 생활을 하는 사람은 누구나 하느님, 즉 조물주에게 미쁘게 여김을 받았습니다. 그리고 하느님에게서 높은 정신력과 심정력을 받은 사람은 누구나 사람들에게 미쁘게 여김을 받고 하느님이 주신 그 소질을 개발하기 위하여 도움의 손을 받게 된다고 나는 믿습니다.

그러므로 우리는 이에 필요한 도야 수단을 단순화한 것입니다. 그렇기 때문에 우리는 성스러운 사랑의 힘 위에 그것을 세운 것입니다. 어린이들이여, 이 사랑이 여러분 안에 성장하며 굳건하게 된다면 그것으로 우리의 목적은 모두 이루어지는 것입니다. 학습 그 자체는 사랑을 낳지 않으며 따라서 미움도 낳지 않습니다.[8] 그러므로 수업은 교육의 본질이 될 수 없습니다. 사랑이 교육의 본질이다! 사랑 그것만이 우리 안에 군림하는 신성의 영원한 발로이며, 사랑 그것만이 교육의 모든 본질적인 것이 출발해야 할 중심점입니다. 여러분은 힘써 노력하면 영리하게 될 수도 있고 재치 있게 될 수도 있습니다. 그리하여 그 노력이 커지고 커지면 예능과 기능을 터득할 수도 있습니다. 그러나 신적인 사랑의 힘이 뒷받침되지 않을 경우, 그 모든 것은 다 헛됩니다.

사람이 산을 움직일지라도 사랑이 없으면 소리나는 구리이며 울리는 종입니다. 어린이들이여, 여러분이 어떠한 힘을 개발했다고 합시다. 그러나 사랑 안에 그 힘이 개발되어야만 그것은 굳건하고 그 가치도 커지는 것입니다.

인간성의 기초 도야는 인류애를 도야하는 것입니다. 그러나 그것은 맹목적인 사랑의 도야가 아닌 이성적인 사랑의 도야입니다. 그것은 가슴을 통해서 인류를 신적인 것으로 드높여 줍니다. 그리고 그것은 정신력과 기능력을 도야해 줌으로써 고상한 신적인 생활을 할 수 있는 수단을 인간에게 제공합니다. 그것은 인간의 여러 능력을 자연스럽게 개발시켜 줌으로써 우리 안에 있는 신적인 것과 조화시켜 줍니다. 그것은 우리 가슴 안에 있는 신적인 것, 사랑·감사·순종과 우리를 조화시켜 주며 우리의 가슴이 갈망하는 영원 무한한 것에 대한 예감과 우리를 조화시켜 줍니다. 그것은 우리의 본성 안에 있는 도덕적·지적 그리고 예능적 능력을 조화시켜 줍니다. 그 조화로 인해서 우리는 인간이 됩니다. 그것 없이는 인간이 될 수 없습니다. 참으로 그는 이 사랑 위에 터잡고 거기에서 출발되는 정신과 예능의 도야 없이는 높고 참된 의미의 인간이 될 수 없습니다. 우리는 이 사랑 위에 터잡고 거기에서 출발한 인간성을 드높이려고 귀엽고 믿음직한 소년들을 교육하고 있는 것입니다.

여러분을 지도하는 데 있어서 우리는 사랑 이외의 다른 어떠한 중심점도 모릅니다. 우리의 사랑, 여러분의 사랑, 하느님의 사랑, 인간의 사랑, 이것이 전부입니다. 우리가 하는 일, 우리가 여러분에게 하는 일은 사랑을 궁극적인 목적으로 할 것입니다. 우리들의 외부적 학습에도 다른 목적이 있을 수 없습니다.

우리가 여러분에게 계산을 시키는 것도 여러분의 사랑을 키우자는 것입니다. 여러분에게 신적인 본성을 인식시키게 하는 것도 여러분의 사랑을 키우려는 것입니다. 그것은 가장 고상하고 숭고하며 가장 순수하고 유일하며 완전하고 깨끗한 우리 본성의 사랑을 도야하려는 것입니다. 여러분이 항상 하는 일과 여러분이 그 본성을 발휘하기 위하여 개발하는 힘은 모두가 이 사랑의 능력을 개발하려는 것입니다. 여러분이 생활의 도움이 되게 하기 위하여 몸을 훈련할 때에도 북소리가 울리고 여러분이 한 몸, 한 마음처럼 한 줄로 설 때에도, 시대의 정신과 심정을 삼켜 버리는 총을 여러분이 어깨에 메고 있을 때에도 여러분은 우리 손으로 사랑을 도야하고 있는 것입니다. 이 모든 훈련과 인상이 여러분 안에 살아서 사랑과 인간애와 조국애를 도야하고 있습니다.

우리를 묶는 단 하나의 끈은 사랑입니다. 이 단결과 결속을 해치는 단 하나의 죄는 사랑이 없는 것입니다.

우리 위에 하느님이 계십니다. 순수한 목적으로 단결한 우리 위에 사랑의 근원이며 아버지이시며 사랑의 제공자이신 하느님이 계십니다. 이 새해에 축복이 있을지어다. 이 새해에 주여, 우리를 축복하여 주사이다. 사랑의 아버지이시며 사랑의 영원한 근원이신 주께 감사할지어다. 인간을 동물적인 감각과 전혀 사랑도 없는 상태에서 구원하신 그를 숭배하며 존경할지어다. 우리를 위해서 바쳐 주신 그의 신적인 사랑을 애모하며 영원한 사랑을 드릴지어다. 그를 애모하며 믿음으로써만 우리를 사랑으로 단결시켜 준 성스러운 유대는 우리 안에서 완성됩니다. 그를 애모함으로써만 우리의 단결의 목적은 실현됩니다. 그에게 귀의함으로써만 우리 방법의 정신은 순수하고 고귀하고 우리의 본성에 적합한 인간적인 정신이 됩니다. 하느님은 우리들 모두에게 이 순수하고 고귀하고 우리의 본성에 알맞는 진리의 정신과 사랑을 주셨습니다.

하느님은 우리 모두에게 진리와 사랑 안에 복스러운 새해를 주셨습니다. 우리의 목적을 위하여 우리는 스스로 참되게 단결해야겠습니다. 하느님은 우리 모두에게 복스러운 새해를 주셨습니다. 하느님은 나의 생애의 진실한 반려자[9]인 그대에게도 복스러운 새해를 주셨습니다. 그대는 나의 모든 괴로움과 하느님이 나의 목적에 인도하려고 주신 모든 슬픔을 충실하게 나와 나누었습니다.

사랑스러운 손자여, 하느님은 너에게도 그것을 주셨다. 너는 내 손자가 아닌 것처럼 학생들 사이에 끼어 있구나. 그렇게 그들과 사귀는 것이 너에게는 좋다. 하느님을 신뢰하고 하느님의 축복을 받아라.

목적을 같이하는 동지들이여, 이 학원의 창설자이며 구원자이며 유지자인 동지들이여, 하느님은 당신들 모두에게 복스러운 새해를 주셨습니다. 하느님은 우리 모두를 이 복스러운 새해에 그의 사랑 안에 단결시켜 주셨습니다.

착하고 귀여운 어린이들이여, 하느님은 그대들에게 기쁘고 복스러운 새해와 감사에 넘치는 마음을 주셨다. 그러므로 여러분 위에 그의 축복이 깃들 것이다.

나의 한 몸 된 학원이여, 신사들이여, 숙녀들이여, 그리고 어린이들이여, 딸들이여, 원조자들이여, 모든 동지들이여, 하느님이 그대들 모두에게 기쁜 새해를 주시기를! 그대들의 사랑이 앞으로 나와 같이 있기를! 내가 영원토록 그대들을 깊이깊이 감사할 수 있기를! 아멘!

〔1809년〕

주

1 학원 내의 교사들 사이에 불화가 심했음. 특히 교사들의 대표 격인 니데러와 슈미트의 주도권 싸움이 자주 일어났다.

2 피히테도 베를린 아카데미에서 행한 〈독일 국민에게 고함 (Re-de an die Deutsche Nation)〉이란 14회에 걸친 공개 강연에서 페스탈로치의 교육 이념을 극구 찬양하고, 패전에서 잃은 땅의 영토를 페스탈로치의 도덕 교육을 통한 국민 교육의 보급에 의하여 영혼적 영토로 다시 찾아야 한다고 부르짖었다.

3 1808년의 신년 강연에서 페스탈로치는 자기가 비극 속에 죽을 것 같다고 느끼면서, 죽으면 들어갈 관을 연단 옆에 갖다 놓고, 동지들이 사랑 안에 단결을 이룩하기를 호소했다. 이것이 유명한 〈관전(棺前) 강연〉이다.

4 그의 겸허한 성품을 이 글에서 우리는 볼 수 있다. 그런데 이런 성품을 자학적이라고 비난하는 사람도 있었다.

5 그의 '방법'은 수(數)·형(形)·어(語)로 구성되어 있기 때문에
   실제로 이런 경향이 없는 바도 아니었다. 이로 인하여 그는 많
   은 비난도 받았다. 이러한 방법이 그의 교육 생애의 중기의 교
   육방법의 특징이었다.

6 초기의 그의 교육 이념은 빈민의 자녀가 직업을 가지고 경제
   적으로 자립할 수 있게 도와주는 데 중점을 두고 있었다.

7 페스탈로치는 모든 교과를 가르쳤으나, 뒤에 학원이 커지자
   일정한 교과를 맡아서 가르치지는 못하고, 모든 교과의 기본
   이념과 기본적인 학습 방법만을 뒤에서 조정했다. 그는 말하자
   면 학원의 넋을 다스렸던 것이다.

8 '도덕'은 지식이 아니기 때문에 가르칠 수 없다고 소크라테스
   는 갈파했다. 파스칼은 '도덕'의 핵심인, '사랑은 다른 질서에
   속한다'고 논증하였다. 이렇게 '도덕'이 가르쳐질 수 있느냐 없
   느냐의 문제는 그리스 시대부터의 큰 교육의 과제가 되어 오
   늘날에도 내려오고 있다. 이것이 '덕(德)의 가교성(可敎性)' 논
   쟁이다.

9 안나 부인을 가리킴.

성탄절 강연(1810)

소년 소녀들이여, 청년 남녀들이여, 내빈들이여, 형
제들이여!

우리들은 왜 이날을 기뻐하며 축하드립니까. 2천 년
에 가까운 세월이 그 사이에 흘러갔습니다. 그러나 인

류는 이날, 이 시간만은 줄곧 축하해 왔습니다. 그런데 과연 이 기쁨은 다만 오랜 세월에 걸친 관습에서 오는 것일까요. 즉, 그것은 성스럽고 장엄한 잔해와 형식에 지나지 않을까요. 만일 그렇다면 나는 이러한 일에 관여하고 싶지 않습니다. 그리고 예로부터 내려오는 이 기쁨의 순간은 나를 기쁘게 하기는 고사하고 슬프게 할 것입니다. 나는 물어 봅니다. 이 예로부터의 기쁨은 도대체 무엇인가 하고. 그리고 그 기쁨이 무엇인가를 알기 위하여 잠시 생각해 봅시다.

성탄절의 전야는 인간에게는 땅 위의 어떠한 저녁보다 기쁜 것이라고 나는 예로부터 들어왔습니다. 과연 나 자신도 이것을 목격하여 왔습니다. 이 저녁의 어두운 그늘조차도 땅 위의 가장 즐거운 날의 낮보다 더 반짝입니다. 국가의 모든 일에서 해방되는 섣달 그믐날, 자유의 날인 그 그믐날도 이 저녁에 비할 바가 아닙니다. 참으로 이 저녁은 하늘나라의 저녁이며 하늘이 즐거워하는 저녁입니다. 이 저녁에 드리는 예배의 성스러운 침묵을 통하여 '드높은 하느님께는 영광이 있으며 땅 위에는 평화가 있으며 인간에게는 깨끗한 마음이 있을지어다.'라는 찬송 소리가 울려퍼집니다. 이럴 때 천사들은 다시 인간들의 머리 위에 나타나서 구세주가 이 땅에 나셨다고 하느님을 찬송하는 것 같았습니다. 어느 저녁이 아름

다웠던 그 옛날, 이 성탄절의 전야에 비할 수가 있었던
가. 누가 감히 이 성스러운 저녁을 그릴 수가 있었으며
누가 감히 그 성스러운 즐거움을 표현할 수 있었던가.
그 저녁은 땅 위가 천국으로 변하는 저녁이었습니다. 그
저녁에는 하느님에게는 영광이, 땅 위에는 평화가 그리
고 인자(人子)에는 즐거움이 있었습니다. 그 즐거움은
인간의 본성 안에 있는 성스러운 본질에서 흘러 나오는
것이며 단순한 인간적인 감정에서 나오는 즐거움은 아
니었습니다. 인간적인 감정에서 나오는 즐거움은 장소
와 외적인 환경에 구애받는 것입니다. 왜냐하면 그것은
개인적인 즐거움이기 때문입니다. 그러나 옛날의 성탄
절 전야의 즐거움은 인류에게 공통적이며 보편적인 즐
거움이었습니다. 왜냐하면 그것은 인간적인 즐거움이
아니고 하느님의 즐거움이었기 때문입니다.

　나의 친구여, 나의 동포여, 나의 어린이들이여! 적어
도 인류의 반은 예수 그리스도의 신앙을 위해서라면 죽
음도 두려워하지 않습니다. 나는 지금 옛날의 기독교인
의 세계를 여러분에게 알려 드리며 티없고 믿음에 넘쳤
던 그 시대 사람들이 이 저녁 예배를 어떻게 드렸는가를
알려 드릴 수 있다면 얼마나 좋을까 하고 느껴 봅니다.

　형제여, 친구여, 옛 시대의 거울에 비친 성탄절 전야
의 즐거운 모습을 여러분에게 보일 수 있다면 얼마나

좋을까 하고 나는 느낍니다. 그들의 가슴은 성령으로 충만되었고 그들의 손에는 땅 위의 선물로 가득 찼었습니다. 이날 기독교인들은 그들의 형제들에게 둘러싸였습니다. 어머니는 어린이들에게 둘러싸였고 주인은 일꾼들에게 둘러싸였고 지주들은 소작인들에게 둘러싸였습니다. 그들의 가슴은 성령으로 충만하였고 그들의 손은 선물로 넘쳤습니다. 그들은 모임의 자리에서 목사를 둘러쌌으며 부자들은 가난한 자들의 초가를 두루 찾아다녔습니다. 서로 싸우던 적들도 이 순간에는 서로 마음을 풀고 웃음을 주고받았습니다. 죄인은 엎드려 자신의 죄를 회개하며 눈물을 흘렸고, 자신의 죄를 용서해 주실 구세주의 탄생을 즐거워했던 것입니다.

그 성스러운 즐거움의 시간은 또한 성스러운 속죄의 시간이기도 했습니다. 그때 지상은 천국과 같은 성스러운 땅으로 변했고 유한한 생명을 가진 인간의 처소에는 불멸의 생명의 향기가 흘렀습니다. 죽음과 슬픔은 땅 위에서 사라진 것 같았습니다. 이 저녁의 성스러운 즐거움은 가난한 사람들의 짐을 가볍게 하여 주었으며 괴로움이 많은 사람들의 괴로움을 가볍게 하여 주었습니다. 오랜 세월 햇빛을 보지 못한 죄수까지도 이날 저녁은 굴레를 벗고 기쁜 눈물을 흘렸습니다. 그리고 그들은 자기 죄가 사해지기를 빌었던 처자에게 마치 천사에 이끌리듯 돌아갔습니다. 왜냐하면 법관의 마음이 구세주 탄생의 즐거움으로 가득 차 부드러워져서 그들의 동포와 적과 포로들에게 따뜻하게 대했기 때문입니다. 누구의 힘도 그 운명에서 구해 주지 못했던 사형을 선고받은 죄인까지도 친절한 대접을 받았으며 평화의 기쁨과 영원한 생명의 말씀이 따스히 그의 심정을 위로하여 주었습니다. 수인(囚人)은 이제 그의 죄를 깨닫게 되었습니다. 그뿐 아닙니다. 그는 이제 자기 죄업에 책임을 느끼고 평화롭고 아늑하게 죽음을 받아들였습니다. 생활이 궁하고 어려워 빚을 많이 지고 무정하며 가혹한 법의 멍에를 걸머진 몇백 만의 사람들도 이 성스러운 시간에는 구세주의 탄생을 기뻐하면서 빚진 자들을 관대하게 대해 준 채권자들에 의하여 채무를 벗었던 것입니다. 옛날의 기독교인의 성탄절 전야는 이러한 저녁이었습니다. 나에게 만일 하느님의 축복을 그릴 능력이 있다면 여러분의 마음은 감격에 벅차 하느님의 성령을 갈구할 것입니다. 그리고 여러분의 손은 이 장엄한 순간에 성스럽게 인간의 선물을 나누어 줄 것이며 또 받기도 할 것입니다. 왜냐하면 이 순간에 여러분의 구세주인 예수 그리스도가 탄생하셨고 우리들은 그 즐거움을 억제하지 못하기 때문입니다.

　오오 예수 그리스도여, 바라건대 지금 당신의 영혼을

우리 앞에 나타내어 주사이다. 주여, 바라건대 우리들은 예수 그리스도를 믿음으로써 티없는 어린이들의 마음이 되고자 하나이다. 이 용모와 모습으로 천국의 어린이들이 되고자 하나이다. 그들을 기쁘게 해주며 그들에게 선물을 주기 위하여 천국에서 내려오신 티없는 어린이, 즉 아기 예수를 통하여 눈에 보이지 않는 하느님의 사랑은 이 어린이들에게 밝혀졌습니다. 우리들은 이 시간, 구세주의 탄생을 즐거워하고 있습니다. 원컨대 우리들이 우리의 죄를 사하기 위하여 희생이 된 예수 그리스도의 하느님과 같은 성스러운 사랑을 깨닫게 하옵소서. 하느님의 아들인 예수 그리스도가 사람으로 탄생하신 이 시간, 하느님의 사랑의 제단에 바치기 위하여 죽음이라는 크나큰 선물을 이 땅에 내려 주신 이 시간을 우리들은 축하합시다. 그는 이 시간부터 우리들의 죄를 사하여 주시기 위한 주님의 제사장이 되신 것입니다.

나의 형제, 나의 동포, 나의 자매들이여! 우리들은 기도합시다. 오오, 하느님이시여! 인류가 구세주인 예수 그리스도의 강탄(降誕)을 마음속으로 축하하고 그 옛날의 행복했던 날을 또다시 맛볼 수 있게 하여 주옵소서. 인간들의 가슴은 성령으로 충만되고 사람들의 손은 형제들에게 줄 사랑의 선물로 충만되었던 그 시간을 또다시 우리들에게 베풀어 주옵소서. 하늘에 계시는 아버지여, 우리들이 그것을 원한다면 당신은 다시 그것을 우리에게 주실 것을 우리들은 분명히 아니다. 그리하여 옛날 한 노인이 예수 그리스도를 향하여 주여, 제가 구원을 받으려면 무엇을 해야 하겠나이까? 하고 물은 것처럼 우리들도 묻게 하옵소서. 주여, 그 옛날의 행복했던 날, 성탄절 전야가 기독교인의 세계에 베푼 저 축복을 우리들도 받으려면 무엇을 해야 하겠나이까. 성탄절이 옛날 모든 인류에게 즐거움이 된 것처럼 이 시간 우리들의 학원도 모두 즐거움을 나누려면 무엇을 해야 하겠나이까?

친구들이여, 형제들이여, 그리스도를 믿는 사람들의 가슴에 이처럼 성스러운 즐거움이 충만된 이 시간을 맞아 나는 이 물음에 대답하려고 하는 바입니다. 그럼으로써 여러분의 마음이 경건한 느낌으로 가득 차게 하고자 하는 바입니다.

우리 친구, 우리 형제들이여! 성탄절의 즐거움은 성스러운 천국의 즐거움이기 때문에 그것은 우리 조상들 전부의 즐거움이었으며 인류에게 공통된 즐거움이었습니다. 우리들의 학원에 있어서도 이처럼 그것이 성스러운 천국의 즐거움이 된다면 그것은 우리 모두의 즐거움이 될 것입니다. 사랑의 공감, 이것만이 희열의 공감을 가져오는 유일하고 참된 원천입니다. 또 그것만이 사람

안에 깃든 신성 및 성성(聖性)의 유일한 참된 원천입니다. 그리고 그 성스러운 힘만이 인간의 가슴에 슬픔을 도사리게 하는 멍에를 벗기고 부술 수가 있습니다. 인간적인 사랑에서 나오는 즐거움은 개개의 사물에 대한 개인적인 야욕에서 벗어나지 못하는 즐거움에 지나지 않음을 우리들은 압니다. 인간적인 즐거움은 더욱 부풀어 인간의 아욕(我慾)을 부풀게 할 따름입니다. 그러다가 한때 같이 즐거워하던 사람들의 무리들과 우리들은 냉철하게 분리됩니다. 도무지 인간은 자기 운명에 대하여 누구에게도 동정을 받지 못하고 버림을 받습니다. 인간적인 즐거움은 이것이 다른 곳으로 돌아가기를 무서워하며 질투와 근심으로 싸이게 됩니다. 우리들은 시기심으로 즐거움의 근원을 고수하려 합니다. 인간적인 아욕에 사로잡힌 사랑은 성스러운 하느님의 마음으로까지 드높여질 수는 없는 것입니다.

　나의 친구, 나의 형제들이여! 사랑의 공감이 없는 곳에는 기쁨의 공감의 원천도 마르게 됩니다. 따라서 우리들이 이 성탄절의 전야를 조상들이 마음속으로 축하한 것처럼 우리들 역시 마음속으로 즐거워하려면 우선 사랑의 공감을 우리들 사이에 확립시켜야 하며 또 그것을 확보해야만 합니다. 그러나 예수 그리스도의 뜻과 그의 넋의 힘이 없는 곳에서는 이러한 것이 자라지 못합니다.

나의 친구, 나의 형제들이여! 이러한 뜻과 이러한 힘이 우리들 사이에 존재하지 않는 한, 우리들의 학원은 모래 위의 누각에 지나지 않습니다. 우리들이 이러한 사랑의 터전 없이 즐거움의 공감을 찾는다면 그것은 허사가 될 것입니다.

나의 친구, 나의 형제들이여! 우리들을 결합시키는 일시적이고 인간적인 유대는 내면적으로 우리들을 분리시키는 것입니다. 이러한 외면적인 결합은 꿀벌이나 바람에 나부끼는 거미줄에서처럼 찢기고 말 것입니다.

나의 동포들이여! 인간의 성스러운 목적을 위하여 단결한다는 것은 결코 무가치한 일이 아닙니다. 우리들의 목적, 그 성스러운 사업을 완수하려면 성스러운 단결이 필요합니다.

그러나 인간적인 단결은 성스러운 것이 되기보다는 오히려 타락하기 쉬운 것입니다.

나의 친구, 나의 형제들이여! 우리들은 사람과 사람 사이의 결합에서 생기는 위기를 소홀히 여겨서는 안 됩니다. 인간이 인간적인 힘으로 단결하려 할 때 그 결합은 결코 인간을 성스럽게도 순수하게도 할 수 없습니다. 인간이 그 단결로써 성화(聖化)되며 순화되는 것은 성스러운 생명이 단결의 유대를 만들 때에 한하는 것입

니다. 그러므로 인간이 성스러운 생명으로 단결되는 것
은 예수 그리스도의 뜻과 그 성령을 더불어 느낄 때에
만 가능합니다. 예수 그리스도의 뜻과 영혼을 갖지 않
은 사람은 어떠한 인간적인 단결로도 드높여질 수 없습
니다. 그러므로 친구여! 우리들은 인간적인 단결의 위
험에 대하여 맹목적이어서는 안 되겠습니다. 이 위험이
란 참으로 큰 것입니다. 우리들이 아직 이러한 위험에
빠지지 않은 것은 오오! 하느님이여, 그것은 오로지 당
신의 은총 덕택입니다. 한 사람의 하잘것없는 인간이
다른 인간과 어떻게 긴밀하게 결합되며, 약점 많은 한
인간이 어떻게 다른 인간과 결합이 되겠습니까? 인간적
인 결합은 이렇게 한계가 있습니다.

　우리들은 서로를 결합시키고 있는 인간의 약점에 의
하여 우리들 자신의 약점을 유지하며 감추려고 하지 않
습니까? 우리들이 단결해서 이룩한 외면적인 행복은 실
은 우리들 자신을 드높여 주지는 못했습니다. 그것은
우리들 안에 깃든 신성을 계발시키기 어렵기 때문입니
다. 우리들은 단순히 인간적인 입장에서 그럴수록 외면
적인 성공을 참 성공이라 착각합니다. 우리는 하느님의
뜻에 의하여 성화되지 못한 인간적인 즐거움을 얼마나
많이 즐거워했는지 모릅니다. 오오! 하느님, 우리들의
성공은 우리들을 굳세게 하기는 고사하고 우리를 약하

게 한 일이 더 많았습니다. 친구여, 동포여, 우리들이 단결하여 이룩한 생명의 역사는 우리들의 큰 약점을 성스러운 목적에 결합시켜 주신 굳센 하느님의 은총의 역사인 것을 잊어서는 안 됩니다. 우리들은 이 목적을 인간으로서의 방법으로 추구하여 왔습니다. 그리고 하느님은 이 노력을 천국의 은혜로 축복하여 주셨습니다. 그러나 우리들은 하느님이 주시는 천국의 은혜를 받을 자격이 없는 사람들입니다. 하느님이 은총을 주셨음에도 우리들의 연약함은 감소되지 않고 점점 증대되었습니다.

친구여, 동포여! 우리들은 행복된 나날에 겨워 불행한 나날에 대비하기 위하여 굳세게 미리 다져야 할 일은 하지 못했습니다. 그러기에 우리들이 단결한 성스러운 목적과는 위배되는 인간적인 연약함으로 인하여, 우리들이 무너지기 위해서는 불행이 와야 했습니다. 친구여, 동포여, 우리들의 인간성 안에 도사리고 있는 이 연약함에 굴복하고 우리들의 학원이 몰락해 가는 모습을 수수방관해야 하겠습니까. 그렇지 않고 우리들의 연약함을 극복하고 우리들의 사업이 무너지지 않도록 구원해야 하겠습니까.

친구여, 동포여, 내년의 성탄절이 우리들에게 깊은 슬픔의 날이 되어야 하겠습니까. 그렇지 않으면 우리들 자신과 우리들의 연약함에 대하여 승리의 축복의 날이 되어야 하겠습니까. 결정적인 순간은 이미 다가왔습니다. 겉치레의 성공은 결코 우리들의 단결을 촉진시키지는 않습니다. 단 하나 우리들의 도덕만이 참으로 우리들을 단결의 목적에 전진시키는 것입니다. 오로지 이것만이 우리들을 전진시켜야 할 것입니다.

동지들이여, 여러분은 한 사람의 지도자도 이제 갖지 못하고 있습니다. 나의 힘은 이제 사라졌습니다. 나는 우리들의 학원의 일원으로서 여러분이 나날이 행해야 할 모범을 여러분께 줄 수가 없습니다. 여러분의 과제는 참으로 큽니다. 여러분은 여러분 자신을 교육시켜야 합니다. 또 우리들에게 맡겨진 연소한 자제들을 교육시켜야 합니다. 여러분은 세상 사람들의 공허한 행위들과 싸워야 하며, 또 이 공허한 행위로 나이 많은 사람들을 흡족하게 해야 하기도 합니다. 여러분은 아직 누구도 들어서지 않은 황야에 새로운 길을 개척해야만 합니다. 그리고 그것이 이미 개척된 것처럼 길을 걸어야 합니다. 여러분은 연소자로서의 여러분 자신을 교육해야 하며 또 성인으로서의 의무도 다해야 합니다.

친구여, 이제까지의 우리들의 인간적인 협력은 이렇듯 높은 뜻에서 출발된 것은 아니었습니다. 또 우리들의 일시적인 결합은 이러한 곳으로 우리들을 높여 주지도 않았습니다. 그러나 이제 우리들의 궁극적인 목적을 달성하기 위하여 우리들 자신을 이러한 점까지 고양시킬 필요가 있습니다.

나의 친구, 나의 형제들이여! 이 목적은 우리들의 눈앞에 우뚝 솟아 있습니다. 나는 지금까지 우리들의 조상이 이 성탄절을 어떻게 축하했는가를 여러분의 가슴에 새겼습니다. 그러나 다음에 나는 우리들의 목적도 여러분 자신에게 뚜렷하게 인식시키고 싶습니다. 우리들의 단결의 목적은 단순한 인간성 위에 세워진 것이 아니고 그것은 우리들 본성에 깃들인 신성 위에 세워진 것입니다. 그러므로 그것은 인류 전체의 보편적인 목적이 되기도 하며 또 하느님이 모든 사람의 마음속에 보편적으로 심어 주신 씨를 유지하며 싹트게 할 수도 있는 것입니다. 또한 우리들의 목적의 수단도 단순한 인간성에서 출발된 것이 아니고 그것은 하느님을 닮은 성스러운 우리들의 본성의 수단에서 출발된 것입니다. 그럼으로써만 그것은 우리들 안에 깃들인 성스런 목적을 발전시킬 수 있으며 또 성스러운 수단으로 우리들 안에 살 수 있는 것입니다. 또 그것은 우리들 안에 참으로 인간적인 요소를 간직하며, 우리들 자신에게 보편적인 평화와 보편적인 평안을 줄 수 있습니다.

친구여, 형제여! 만일 우리들이 이러한 것을 지니지

못한다면 우리들의 목적을 위한 단결은 헛된 일장춘몽으로 끝날 것이며, 그것에서 깨어날 때 우리들의 눈에는 눈물만 넘쳐 흐를 것입니다.

형제여, 친구여! 만일 우리들이 아무 가치가 없는 공허한 행위의 유대로 결합되어 있다면 우리들의 단결도 또한 다른 인간들의 단결과 운명을 같이할 따름입니다. 그렇습니다. 공허한 세속의 연쇄는 모든 단결에서처럼 인간성이 그 인간적인 유대 위에서 내면적으로 고양되지 않는 한, 똑같이 타락의 심연에 빠질 것입니다. 그리하여 더러운 유대로 묶인 우리들의 단결을 무너뜨릴 것입니다. 이리하여 비루한 이기심이 인간 사회의 도처에 군림하듯이 그것은 우리들의 단결 위에도 군림하게 될 것입니다. 그것은 또한 많은 인간의 단결을 끊어 놓았듯이 우리들의 단결도 마치 지진이 집을 무너뜨리듯이 무너뜨릴 것입니다.

친구여, 이러한 모습을 상상하여 보십시오, 그리고 이러한 광경에서 눈을 돌리지 마십시오. 이런 일들이 우리들에게도 일어난다면 우리들의 마음은 어떻게 되겠습니까. 오오, 이러한 진상에서 그대들의 눈을 돌리지 마십시오. 만일 우리들이 우리들의 연약함으로 인해서 압도되어 부득이 분리되는 경우가 생긴다면, 만일 우리들이 혹은 이기심이라는 피상적이고 그 평온한 만족 때문에 혹은 연약함에 대한 이기적인 슬픔 때문에 전체를 버리고 자기 일신의 이해만을 생각할 경우에 이르게 된다면, 만일 우리들이 서로 떨어져서 강자는 약자를 마음대로 지배하게 된다면, 그리고 만일 우리들이 허영이라는 독주에 취하고 비열한 이익을 위하여 남이 받아야 할 신임을 우리가 가로채기로 한다면—친구여, 동포여, 여러분은 이 분열과 타락과 멸망의 광경을 눈앞에 그리면서 이러한 재액(災厄)의 날을 미리 막기 위해 전력으로 성스러운 결심과 의지로 가슴을 태워야 하지 않겠습니까.

친구여, 형제여, 여러분 자신을 고양시키고 우리들을 단결시켜야 하겠습니다. 우리들은 우리들 자신을 고양시키고 우리들을 구원하기 위하여 단결해야 합니다. 이 일 이외에 우리가 할일이 무엇입니까. 국민을 교육으로 구원하고자 하는 생각을 오래 전부터 가슴에 품어 왔던 우리가 지금 이것을 잊어버리고 안일할 수 있을까요. 우리들은 이 큰 목적을 상기하여 우리들의 마음이 정열과 경건으로 충만했던 성스러운 시간을 잊지 않도록 해야 하겠습니다. 참으로 우리는 그 순간만이라도 속세에서 벗어나 일치단결했던 것입니다. 그때 우리들은 한 사람, 한 사람이 서로 우리들의 목적을 위하여 헌신한 것을 알았습니다. 그리고 우리들을 소명(召命)한 성스

러운 목적을 위하여 이바지하고 우리들 모두가 세상 사
람들의 도움 없이 홀로 목적을 이룰 수 있는 힘과 능력
을 얻기까지는 서로 협력하자고 우리들 앞에서 명백하
게 서약하지 않았습니까.

한순간이나마 가슴속에 우리들이 단결한 정신을 느낀
사람은 모두 우리들의 목적을 위하여 성심성의를 다하
였습니다. 그럼으로써 우리들 중에서 가장 연약하고 작
은 사람을 도와주었습니다. 우리들은 이 연약한 자들을
우리들의 목적에 숙달하게 하였으며 그를 보살펴 주었
습니다. 이곳에 모인 청년은 쾌활하였고 선천적으로 기
지가 있었고 사고력과 기능과 육체적인 건강에 있어서
도 뛰어난 사람들이었습니다. 그들은 일반적으로 우리
들보다 교육을 더 받은 사람같이 보였습니다. 이러한
사람들이 우리들을 배반하고 우리들에게서 떠나는 모습
을 누가 감히 범연하게 볼 수 있다는 말입니까. 인간의
본성에 더욱 맞게 한 교수방법만을 보고 이런 개혁을
낳게 한 경험을 냉정하게 무시하는 모습을 누가 감히
볼 수 있겠습니까.

아닙니다. 여러분은 절대로 이와 같은 행동을 하지
않을 것입니다. 나는 여러분을 알고 있습니다. 나는 여
러분 안에 있는 약점을 책망할는지 모릅니다. 그러나
여러분 중의 많은 사람들은 우리들의 노력으로 은혜롭

게 받은 결과를 우리들의 부족함과 연약함으로 인하여
잃어버리기보다는 나와 더불어 죽음을 같이할 용의가
있는 것을 나는 알고 있습니다.

아닙니다. 아닙니다. 형제여, 형제여, 이 성탄절을 맞
이하여 우리들의 단결을 소리 높이 외칩시다. 그 옛날
우리들을 형제들의 종복(從僕)이 되게 결심시킨 그 단
결을 소리 높이 외칩시다. 친구여, 형제여, 우리들은 이
단결에 충실하며 인류에 대한 사랑이 우리들에게 명한
길에서 벗어남이 없기를 바랍니다. 우리들의 궁극적인
목적이여, 원컨대 영구불멸하게 우리들을 이 성스러운
목적을 위하여 희생되게 하사이다. 우리들과 더불어 살
면서 청년이 되는 날까지 커가는 사랑스러운 어린이들
에게 우리가 충실되게 하사이다. 우리들이 채택하는 모
든 수단에 있어서, 또 마음이 순결을 간직하게 하기 위
한 우리들의 노력의 모든 영역에 있어서, 또 진리와 사
랑에 충실되게 하사이다.

친구여, 형제들이여, 우리들이 축하하는 이 성탄절을
기하여 이날이 우리들의 목적에 대한 단결을 성스럽게
기억하는 날이 되게 합시다. 우리가 축하하는 이날이
우리들의 목적에 대한 우리들 자신의 모든 봉사를 새롭
게 하는 날이 되게 합시다. 친구여, 형제들이여, 우리들
은 예수 그리스도의 탄생을 기뻐하는 동시에 우리들의

목적에 대한 단결을 기뻐합시다. 그리하여 우리들의 즐거움이 예수 그리스도에 대한 신앙과 사랑의 순수한 결과가 되게 합시다. 우리들의 목적 안에 깃들인 성성(聖性) 및 신성으로 우리들을 우리들 이상의 것으로 고양시키기로 합시다. 모든 우리들의 형제들의 단결처럼 우리들의 단결에도 역시 인간적인 약함이 있으나 이것을 이겨야 합니다. 우리들 자신에게 충실하며 공허한 말로 자신을 속이지 맙시다. 또 주님이 탄생하신 이날을 우리들의 이기심이란 미망(迷妄)으로 더럽히지 맙시다. 우리들의 단결 속에 만일 자신의 이기심을 만족시키는 수단을 원하는 것이 들어 있다면 우리들은 그런 것을 떨쳐 버려야 합니다. 우리들의 단결 속에 다른 곳에서보다도 자기 자신을 약하게 하는 것이 깃들여 있다면 우리들은 그러한 것을 내쫓아야 하겠습니다.

우연이라는 것이 우리를 서로 만나게 했으나 그것은 어찌할 수 없는 일이었습니다. 그러나 우리들은 죽음을 피할 수 없으며 언젠가는 이 생명도 잃어야 합니다. 물고기가 그물에 걸려 잡히듯이 우리들도 우연만으로 얽히고 걸려 유지되며 밀착되어선 안 됩니다. 우리들의 단결은 간악한 것의 밥이 되어서는 안 되겠습니다. 신의 은혜는 우리 모두에게 은총과 자비의 시간을 주셨습니다. 하느님의 은총과 자비를 모욕하는 자에게는 이러한 것은 주지 않습니다. 그것은 당연한 일입니다. 우리들의 단결의 성스러운 목적에 이바지하지 않는 것, 우리들의 단결을 흐리게 하는 것을 우리들은 배격해야 하겠습니다.

형제여, 형제여, 우리들은 오늘 우연이라는 유대를 끊어야 하겠습니다. 오늘부터 우리들은 정의와 사랑만으로 결합되어야 하겠습니다. 우리들은 몰락하는 것보다 분리를 원합니다. 우리들은 서로 헤어져 각각 자기의 길을 가든가, 아니면 우리들의 성스러운 목적을 위하여 뜻과 정신을 같이하여 하느님과 사람 앞에 서든가 해야 할 것입니다. 오늘 우리들은 이 둘 중의 어느 하나를 택해야 하겠습니다.

형제여, 친구여, 우리들은 이 목적을 위하여 충실되어야 하겠습니다. 우리들이 가야 할 길을 서로 격려하며 유쾌하게 전진합시다. 나는 여러분 중의 가장 약한 사람입니다만 우리들의 성스러운 목적을 완성시키는 데에 필요하다면 어떠한 희생이라도 바치려고 하는 바입니다.

친구여, 형제들이여, 여러분도 나와 같이 나를 따라서 성스러운 우리의 목적을 완성시키는 데 필요한 모든 희생을 바쳐야 하겠습니다. 이 희생은 결코 작은 것이 아닐 것입니다. 인류의 교육에 힘을 바치고, 나아가서

는 인류와 더불어 다음과 같이 외치는 것은 결코 무가
치한 일이 아닙니다.

"우리들은 여기에 있다. 와서 우리들을 보라. 우리들
은 인류 교육을 개선하기 위하여 필요한 무엇인가를 하
려 했으며 또 할 수 있다. 또 우리들은 참된 세계의 평
화와 인류의 행복을 촉진시키려 하고 있다."고.

친구여, 동포여, 우리들의 단결의 목적에 대하여 사
람들은 이와 같이 생각했고 우리들 자신도 또한 이와
같이 말해 왔습니다. 우리들의 아름다운 꿈을 실현시킬
방법을 우리가 찾기도 전에 교육의 퇴폐를 느끼고 그
오류를 괴로워한 세상 사람들은 우리들의 열성의 발로
에 신뢰를 주었고 우리들의 행위에 면류관을 씌워 주었
던 것입니다. 그러나 나는 과오를 범했습니다. 나는 이
목적에 이르는 길을 실제보다도 수월하게 보았습니다.
이것이 잘못이었습니다. 그리하여 우리들이 맡은 향기
와 미숙한 기획이 가져온 현실적인 성공은 우리들의 과
오를 더욱 거세게 하였고 우리들의 학원과 단결에 나쁜
영향을 주었던 것입니다. 타락의 씨는 우리들 사이에서
움트기 시작했습니다. 그것은 서로 화합을 못 하고 배
격을 일삼는 일방적인 사고방식을 낳게 했습니다. 그리
하여 우리들의 존재를 타락시켰습니다. 그럼으로써 우
리들을 칭찬하기를 망설이는 현대인의 마음속에 비난의

기회를 만들어 주었습니다.

그러나 이러한 비난도 역시 언젠가의 칭찬과 그 본질을 같이하는 것임을 나는 미리 꿰뚫어본 바 있었습니다. 우리들에게 시련의 때는 왔습니다. 그러나 그것은 공허한 칭찬의 때보다는 덜 무서운 것입니다. 여러분, 우리들은 스스로를 속이지 않기로 합시다. 우리들에 대한 비난은 날카롭고 또 엄숙할 것입니다.

사랑하는 학원이여! 그대를 사랑했던 자들이 이제 그대를 바난하는 자들로 되었습니다. 사랑하는 자의 비난은 뼈저린 것이며, 또 그대의 적은 그것을 비난의 근거로 삼을 것입니다. 사랑하는 학원이여, 그대는 이제 들의 아름다운 한 포기 꽃이 되었습니다. 그러나 그대는 너무도 쉽게 자기네의 정원과 기술에 대한 정원사의 미신을 타파시켰고, 또 너무도 빨리 그들의 자신을 배반했기 때문에 그대는 그들의 시기와 반감을 초래하게 되었던 것입니다.

친구여, 형제여, 여러분에게 다가오는 이 수난의 때를 경시해서는 안 됩니다. 우리들의 금은 순화되고 시련의 화력은 그 옆에 있는 찌꺼기를 태워 버릴 것입니다. 세인들은 한때 이 찌꺼기를 보고 깊숙하게 숨겨져 있는 황금에 대한 신뢰를 잃은 것입니다.

친구여, 형제여, 이 일에 대하여 진정해 주기 바랍니

다. 여러분의 사업의 찌꺼기가 성스러운 본질에서 분리되어 떨어져 나가는 것을 기뻐해야 할 것입니다. 잠시 동안 찌꺼기는 표면에 거품을 일으킵니다. 여러분의 선량함이 깊이 생각하지 못하는 사람들의 눈에는 보이지 않는 것을 여러분은 도리어 기뻐해야 하겠습니다. 시련의 때가 지나간 뒤, 우리의 노력 중에서 값이 없는 것은 물로 씻기우며 불꽃 속에 던지어진 쭉정이같이 사라져 버릴 것입니다. 그러나 순화된 황금은 남을 것입니다. 여러분은 충분히 생각을 하여 결코 가볍게 여기는 일이 없어야 하겠습니다. 이때 남은 것은 무엇이겠습니까. 우리들의 눈에는 황금이라고 보이던 많은 것들이 이제 그 찌꺼기와 더불어 끓고 있습니다. 그러나 우리들의 노력의 황금은 결코 사업의 외면에 있는 것이 아닙니다. 여러분은 그것을 여러분 자신 속에서 탐구하며 발견하며 또 평가해야 할 것입니다.

　우리들의 노력은 우리들 자신의 내부에 우리가 가지고 있는 것을 제외하면 가치 없는 것들입니다. 우리들 자신이 내부에 가지고 있는 그것의 가치는 참으로 위대한 것입니다. 그러므로 우리들은 그것을 금강석과 같이 여겨야 하겠습니다. 우리들의 겉으로 보이는 사업 위에 던지는 확실치 않은 평가 때문에 그것을 잃는 일이 있어서는 안 되겠습니다. 우리들의 노력의 내면적 가치는

참으로 위대한 것입니다. 그것은 심정의 위대한 교양과
순수하고 깨끗한 인생관과 우리들을 지배하는 운명에의
절대적인 귀의(歸依)와 모든 우리들 힘의 불굴의 긴장
과 인생의 모든 일에 대한 불굴의 용기와 그리고 모든
것에 대한 사랑의 봉사 등 우리들 자신의 절대적인 극
기를 필요로 합니다. 즉, 우리들의 사업은 위대한 목적
을 위한 영웅적인 힘을 필요로 합니다.

친구여, 형제여, 우리들은 자신을 속이는 일이 없어
야 하겠습니다. 우리들은 영웅만이 가질 수 있는 목적
을 가지며 또 그것을 위한 영웅적인 힘을 필요로 하는
것입니다. 우리들은 그것을 어디서 구해야 할까요? 우
리들이 필요로 하는 영웅적인 힘, 이것을 어디에서 구
해야 할까요?

형제들이여! 하느님은 연약한 자들의 힘이 되어 주십
니다. 구세주는 연약한 어린 아기로 말구유에서 세상에
태어나셨습니다. 하느님의 아들이 탄생하신 영광은 천
사들에 의하여, 또 목자(牧者)들에 의하여 예견되었습
니다.

우리들은 오늘 이 성스러운 성탄절을 축하하고 있습
니다. 바라건대 우리들의 사업에 대한 숭고하며 성스러
운 용기를 북돋워 주십시오. 형제들이여, 만일 우리들
이 오늘의 의식을 조상들이 지녔던 숭고한 정신으로,

즉 참된 기독교인의 정신으로 축복할 수 있다면 우리들의 사업도 완성할 수 있습니다. 주 예수는 말씀하셨습니다.

"너희들이 만일 겨자씨만한 믿음이 있다면 이 산에 명령하여라. 이곳에서 저곳으로 움직이라고. 그러면 산도 움직일 것이다."

친구여, 만일 여러분에게 겨자씨만한 신앙이 있다면 그 뿌리는 땅 속 깊이 박히고, 하늘이라도 찌를 듯한 산들이 여러분의 길을 가로막을지라도 이 신앙의 열매는 산을 '이곳에서 저곳으로 움직이라'고 명령할 수 있게 할 것입니다. 그러면 산도 움직일 것입니다. 친구여, 만일 우리들이 이날의 축제를 참된 신앙으로 축하할 수 있다면 우리들은 바로 그 신앙으로 우리들의 사업도 완성시킬 수 있을 것입니다. 제가 이미 여러분에게 말씀드린 것처럼 이 축제가 그 옛날 어떻게 참된 신앙으로 축하되었는가를 회상합시다. 그들의 가슴은 성령으로 충만되었고 그들의 손은 사람들의 선물로 넘쳤으며 기독교인들은 형제들에게 둘러싸였던 것입니다. 숭고하며 엄숙한 천국의 기쁨의 시기는 우리들 인류에게 있어서는 속죄의 시기이기도 하였습니다. 땅 위는 이때 천국과 같은 하계(下界)로 되었습니다. 인간의 처소는 불멸의 숨길로 충만되었습니다.

만일 우리들이 이날을 아름다운 성탄절의 정신으로 축하한다면 우리들 가슴은 성령으로 충만되고 우리들의 손은 사랑의 손과 선물로 가득 찰 것입니다. 그리하여 우리들 모두는 형제들에게 둘러싸이며 어린이들에게 둘러싸일 것입니다. 우리들은 사랑의 손을 그들에게 뻗칠 것입니다. 그리고 그들은 우리의 사랑의 손과 사랑의 눈을 감득(感得)하고 같은 사랑으로 우리들의 손과 시선을 받아들이게 될 것입니다. 만일 우리들이 고대 기독교인의 정신으로 이날을 축하한다면 오늘의 이 기쁨은 우리들에게 천국의 기쁨이 될 것이며, 또 우리들 자신의 성스러운 속죄가 될 것입니다.

친구여, 형제들이여! 이리하여 우리들의 학원은 하느님의 학원이 되고, 연약한 우리들의 처소에는 불멸의 생명의 향기가 넘치게 될 것입니다.

친구여, 형제들이여! 기쁨의 단결은 사랑의 단결이 되고 우리들의 학원은 모래 위에 세운 집이 되지 않을 것입니다. 이리하여 이기심과 감각적인 욕망은 우리들을 지배하지 못하게 되고 우리들의 고민을 더하게 하지는 못할 것입니다. 이것들은 더 이상 우리들의 단결을 해칠 수가 없을 것입니다. 우리들 사이에는 냉혹한 불친절의 그늘조차 사라질 것이며, 사랑을 모욕하는 자는 그가 누구일지라도 괴로워 우는 사람 앞에 자신을 부끄럽게 여길 것입니다. 우리들의 단결은 우리들의 기쁨과 더불어 단순한 인간성에 기인한 것이 아니고 우리들의 본성 안에 깃들인 신성 위에 세워질 것입니다. 그것은 당연한 귀결로 우리들 학원의 번영의 원천이 될 것입니다. 불행한 사람들의 슬픔, 괴로운 사람들의 슬픔, 짓밟힌 사람들의 무거운 짐도 스스로 사라지게 될 것입니다. 그렇게 될 때 나는 진실과 충심으로 편안하게 다음과 같이 말할 것입니다.

"주여, 저는 스스로의 괴로움을 당신 앞에 호소하나이다. 그러면 당신은 저를 위하여 해결하여 주실 것입니다."라고.

친구여, 형제들이여! 사랑의 단결이 우리들 사이에 존재한다면 우리들의 사업은 안전합니다. 하늘에 계시는 아버지시여! 우리들을 하느님의 마음 안에서 단결로 드높여 주옵소서! 인간성에 의한 모든 단결은 숭고한 사랑의 단결을 무너뜨립니다. 그러나 하느님 마음에 의한 단결은 결코 그렇게 되지 않습니다. 하느님 마음 안에서 느끼며 그의 넋의 힘을 따르는 자만이 영원히 단결을 간직할 수 있습니다.

친구여, 형제들이여! 우리들은 우리들의 학원을 사랑의 단결로까지 높이고 사랑의 힘으로 사업을 완성시키기 위하여 이 성탄절을 축하하고 있습니다. 예수 그리

스도의 마음과 넋을 우리가 느끼도록 하느님께 기도를
드릴지어다.

그리고 사랑하는 어린이들이여, 그 깨끗한 마음으로
성탄절을 축하하는 여러분에게 나는 또 무엇을 말해야
할 것인가. 여러분이 지니고 있는 깨끗한 마음으로 성
탄절을 축하하여야 할 것을 우리들은 알았다. 순진한
어린이들처럼 되지 않고 깨끗한 어린이들의 마음을 지
니지 않고서는 우리들은 천국에 들어갈 수도 없고, 또
우리들의 학원을 굳건하게 유지하는 사랑의 단결도 얻
을 수 없다는 것을 우리들은 알고 있다. 사랑하는 어린
이들이여, 여러분이 이 학원을 위하여 단결하는 것도
오로지 여러분을 위한 때문이다. 우리들의 학원은 여러
분을 위한 것이며 여러분을 위해서만 우리들의 학원이
존재한다. 순결과 사랑으로 살며 우리들의 성실과 여러
분을 위한 우리들의 어버이 마음에 신뢰하면서 살아 다
오. 참된 어린이들이 되어 다오. 참된 의미의 순진한 어
린이들이 되어 다오. 우리들의 축복으로 인하여 여러분
의 전진한 마음의 성스러운 힘이 굳세어지기를 바란다.
구세주 예수 그리스도를 보라. 어머니의 품에 안긴 성
스럽고 부드러운 아기인 그를 보라. 말구유에 누워 있
는 이 성스럽고 부드러운 모습을 보라. 어떻게 그가 생
장했고 어떻게 그가 하느님과 사람에게 천진한 어린이

다운 성스러움으로 대하였는가. 얼마나 그가 그의 아버지와 어머니에게 순종하였으며 그들의 사랑과 배려로 진리와 지식을 얻게 되었는가를. 그가 청년이 되기도 전에 어떻게 현인들과 더불어 신전에 앉아 사람들을 가르쳤고 그의 말을 듣는 사람으로 하여금 그의 상냥함에 경탄하게 하였는가. 어떻게 그는 그 생애를 통하여 우아함과 사랑을 잃지 않았던가. 얼마나 그는 그의 상냥한 생애로 사람들의 마음을 매혹했으며 그들의 존경함을 받았는가. 얼마나 그는 어린이들을 품에 안고 그들의 부드러움과 순진한 마음속에 하느님의 숭고한 생명의 원천을 발견하며 그것을 계시하였는가. 얼마나 그는 그 우아함과 사랑으로 생사를 통해 인류의 복지를 위하여 하느님의 힘으로써 일하였는가. 그는 우아함과 사랑을 잃지 않았다. 십자가 위에서 괴로웠을 때에도 그는 그 하느님처럼 상냥하게 어머니를 위로하였다는 사실을 되새기자. 어린이들이여! 우리들도 또한 여러분의 사랑을 구하며 여러분의 부드러운 마음을 필요로 하고 있다. 여러분의 이러한 마음이 우리들의 어버이 마음을 키우며 굳세게 하여 주는 까닭이다. 이 어버이 마음, 이 것만을 우리들은 하느님께 기원한다. 또 그것이 없으면 위대한 것, 완전한 것으로 키울 수 없다.

나의 어린이들이여, 여러분의 부드러운 마음으로 우

리들의 넋을 드높여 다오. 여러분을 지도할 때 우리들은 곧잘 성내고 조급하게 굴지만 여러분이 이러한 우리의 오욕을 씻어 주어야 한다. 나의 어린이들이여, 여러분의 마음을 굳세게 길러 주고 우리들의 피로를 풀어 줘야 한다. 그것이 없으면 우리들은 여러분을 지도한다는 책임을 못 다하는 것이다.

나의 어린이들이여, 나는 이제 이 강연을 끝마쳐야 하겠다. 나는 또 여러분과 이야기할 기회가 있을 것이다. 나는 이제 이것으로써 강연을 끝내기로 한다.

나의 어린이들이여, 내빈들이여, 친구들이여! 우리들은 이 성탄절을 우리들에게 성스러운 것으로 만들어야 하겠습니다. 하늘에 계시는 하느님이시여, 비옵나니 이 성탄절이 우리들에게 성스러운 것이 되게 하옵소서. 높은 하느님에게는 영광이, 지상에는 평화가, 그리고 사람에게는 따뜻한 마음이 있기를! 아멘.

신년 강연(1817)

나는 이제 72세가 되었습니다. 해는 오고갑니다. 오늘이라는 이날은 내일 다시 사라져 버립니다. 또 새해가 왔습니다. 여러분과 더불어 이 새해를 맞은 것이 벌써 14년이나 되었습니다. 사랑하는 동지들과 생도들이여! 여러분의 덕택으로 이 학원이 유지된 것을 하느님께 감사드립니다.

새해가 왔습니다. 그러나 이 장엄하고 귀한 새해는 또 사라집니다. 세상 사람들은 언제나 다음과 같은 인사로 우리들을 축하합니다.

"묵은 해는 가고 새해가 왔습니다."라고.

그러나 이 인사는 과연 옳은 인사일까요? 그들의 이러한 축하를 받는 우리들에게 이 새해는 정말 새해가 되는 것일까요? 아닙니다. 묵은 해는 여전히 우리들 안에 도사리고 있습니다. 더 확실하게 말하면 우리들은 새해를 맞으면서도 여전히 묵은 해 속에 도사리고 있는 것입니다. 묵은 사람과 묵은 해는 여전히 새롭게 묵은 사람과 묵은 해를 간직하고 있는 것입니다.

우리들은 과오를 범했고 결점이 많았고 격정에 흘렀습니다. 이것으로 인하여 지난 해에 우리들은 복을 받지 못하고 복을 빼앗겼습니다. 그러나 이 새해에도 우리는 역시 여전한 상태에 있습니다. 이 과오·결점·격정은 새해에도 우리 안에 도사려 우리들의 감정·사상·행동의 밑바탕을 흐리게 할 것입니다. 사실 지난 해에도 그렇지 않았습니까. 해가 바뀌어도 우리들은 여전히 묵은 상태로 있습니다. 영원히 악한 상태로 있습니다. 과오와 결점과 격정에 영원히 사로잡힌 상태로 남아 있는 것입니다. 그것은 지난날 정체해서는 안 될 자리에서 우리들을 정체시켰고, 우리들이 날로날로 진전해야 할 자리에서 우리들을 무의식중에 후퇴시킨 것이었습니다.

해는 물론 새로워졌습니다. 그러나 그것은 우리 안에서 새로워지지 않았고 우리도 새해 안에서 새로워지지 못했습니다. 해는 새로워져도 우리는 여전히 묵은 사람입니다. 들의 과일과 나무를 보십시오. 그것들은 영원히 새로워지면서도 영원히 원상태에 있지 않습니까. 그들은 해마다 새로운 성장을 하면서도 해마다 다시 썩어가지 않습니까. 그러나 사람은 이와 같이 새로워져서는 안 됩니다. 나의 학원이여, 이렇게 새로워져서는 안 됩니다. 나도 이제 만년이 되었습니다. 나도 이렇게 새로워지지는 않으렵니다. 동지들이여, 생도들이여, 그리고 사랑하는 학원이여! 이 해에 이렇게 새로워지지는 맙시다. 우리는 이렇게 새로워지지는 말 것이며, 그렇다고 옛모습으로 살아서도 안 될 것입니다. 아닙니다. 우리들은 들의 과일과 같이 새로워져서는 안 됩니다. 그들은 새해에 들어서서 익었는가 하면 썩지 않습니까. 그들은 영원히 새해를 맞고 영원히 익고 그리고 영원히 사라지고 부패하는 일을 되풀이하고 있습니다.

나는 지난 해로 눈을 돌려 회고하여 봅니다. 지난 해

도 역시 하느님의 은혜로 살았습니다. 지난 해는 혼란
된 나날이었습니다. 그리고 주마다 달마다 혼란을 거듭
하였습니다. 이 혼란은 동지들 사이에서 빚어진 것입니
다. 그리고 나의 슬픔·소망·근심에서 빚어진 것입니다.
그리고 진리와 과오 사이에서, 정의와 부정 사이에서,
약점과 능력 사이에서, 격정과 편안 사이에서 빚어진
것입니다.

　나의 생활은 혼란했습니다. 나의 운명은 소용돌이 속
에 말려든 것이었습니다. 그리고 이 운명과 나의 안으
로의 본성·노력·목적이 얽히고 얽힌 것입니다. 나의 선
에서 나온 나의 복과, 나의 약점과 결점에서 나온 불행
이 얽히고 얽힌 것입니다. 그러나 지난 해의 복은 불행
을 물리쳤고 행복은 불운을 물리쳤으며 즐거움은 슬픔
을 물리쳤습니다.

　오! 하느님이여, 당신은 나의 학원을 무(無)에서 일
으켜 주셨습니다. 당신은 우리 학원을 잘 보살피사 부
자의 돈으로도 살 수 없고 권력자의 권력으로도 강제하
지 못할 것으로 만들어 주셨습니다. 당신은 나의 연약
함과 무식과 무능을 감싸 주셨습니다.

　나는 능력·통찰력·재주가 없습니다. 그러나 이 점을
극복하고 성과를 이룩하였습니다. 나는 여러 모로 협조
와 방법을 얻었습니다. 그것은 내가 예감조차 못 하였

던 협조였습니다. 나는 내일을 위하여 염려하지 않았습니다. 그러나 주님 스스로 그것을 염려하여 주셨습니다. 나는 지난 해를 의기소침과 위험에 둘러싸인 채 시작했었습니다. 모든 능력이 부족하여 인간관계는 혼란되고 모든 견해가 뒤얽힌 채 시작했었습니다. 그러나 주님은 매월 매월, 나에게 동지들을 보내 주시고 이 사업을 힘차게 밀어 주셨습니다. 나에게는 모든 면으로 손이 모자랐습니다. 그러나 주님은 매월 매월, 그것을 더욱 힘찬 것으로 하여 주셨고 그것을 더욱 큰 것으로 하여 주셨습니다. 그리하여 주님은 끝까지 나를 축복하여 주셨습니다. 내가 극심한 기아에 떨고 있을 때 주님은 나를 도와주셨습니다.

주님은 지난 해에도 나에게 큰 도움을 주셨습니다. 기진맥진해 보일 때 나는 오히려 전진했습니다.

쇠잔해 보일 때에 나는 솟아 올랐습니다. 나는 모든 궁핍을 맛보았습니다. 그러나 나는 하느님을 의지했습니다. 나는 극심한 환난을 받았습니다. 그러나 나는 하느님을 먼저 의지했습니다. 인간은 소원하는 일을 그에게 의지해야 합니다. 지난 해는 이렇게 환난과 곤혹(困惑)이 많았으나 행복했던 해보다 우리는 오히려 더 전진하였습니다. 많은 동지들이 우리들의 단결을 여러 방법으로 굳세게 힘있는 것으로 만들었고, 많고 많은 사

람들이 우리들의 사업을 명백하게 알고 인식하게 되었
습니다.

우리들은 외부적으로도 신임을 얻었습니다. 생도들의
수는 증가했습니다. 많은 사람들이 우리 권내에 들어왔
습니다. 그들의 마음은 순수하고 순박하며 또 재질도
있기 때문에 우리들은 그들의 장래에 대하여 기대가 큽
니다. 이것은 우리가 아직 가져 보지 못한 것입니다. 이
것에 대하여 나는 하늘에 계시는 아버지께 감사합니다.
동지들이, 그대들이 나를 잘 협조하여 주었기 때문에
나는 지난 해에도 다른 해보다 더 많은 안식을 가질 수
가 있었습니다. 나는 안식이 필요합니다. 동지들이여,
나는 안식을 필요로 하고 있습니다! 라파터는 일찍부터
나에게 휴식을 권했습니다. 나는 이제 비로소 그것이
필요하다고 느끼게 되었습니다.

나의 모든 힘은 쇠퇴하여 가고 있습니다. 모든 것이
나에게는 고되게 되었습니다. 그러나 나는 앞으로도 많
은 일을 해야만 하겠습니다. 많은 개척을 해야겠습니
다. 그리고 아직도 많은 것을 제거해야 하겠고 아직도
많은 것을 정리해야 하겠습니다.

동지들이여! 나는 그대들이 모두 해야 할 일의 초석
을 놓았을 따름입니다. 그대들이 이 초석을 헛되이 버

리지 말기를 바랍니다. 동지들이여, 나는 이제 마지막으로 붓을 들고 내가 필생 노력한 일의 손질을 해야 하겠는데 그만한 휴식이 없습니다. 이 몸이 마음속에 아직도 생생하게 간직하고 있는 것을 헛되이 묻어 두는 것이 안타깝습니다. 내가 구했고 내 손으로 잡은 교육 이론의 싹이 내 손에서 시들어 버릴까 염려됩니다. 그것을 손질한 만한 평안과 안정을 얻지 못하기 때문에 내가 그것을 시들게 할까 염려됩니다. 나는 그것을 손질하여 좋은 땅에 심어 성장시켜 길러야 하겠습니다.

참으로 나의 생애는 오늘날까지 고난이었습니다. 그러나 이 고난의 생애를 하느님께 감사합니다. 왜냐하면 이 고난으로 인해서 나는 굳세게 되었고 축복된 것이 되었기 때문입니다. 이 고난의 생애는 이제 끝나려 하고 있습니다. 왜냐하면 고난이 나를 복되게 할 것이며 그 결과가 나를 복되게 해줄 것이기 때문입니다. 이 나이가 되면 휴식을 찾게 됩니다. 나는 늘 그것을 놓쳤지만 사람들은 그 휴식 속에서 자기가 평생 모은 재산을 즐기는 것이지요. 나는 휴식을 얻어야 하겠습니다. 나도 이제 늙었고 이 세상에서 아직 정리할 일이 있기 때문에 휴식을 가져야 하겠습니다. 하느님은 나에게 휴식을 주실 것입니다. 그로 인해서 하느님의 이름을 찬양할 것입니다. 하느님은 인간의 마음을 시냇물처럼 이끌어 주십니다. 그는 또한 나의 주위에 있는 사람들의 마음을 이끌어 주시고 나에게 휴식을 선사하게 할 것입니다. 하느님은 나를 도우셨습니다. 성좌(星座)여, 그대들은 나의 증인이 되어 감사하라. 그대들은 이제 이 증인이 되지 않았던가.

친구여, 형제들이여! 나의 생애는 불안 속에 흘러가고 있습니다. 나의 생애는 마치 숲속을 흐르는 시냇물과 같습니다. 어느 곳에서는 물줄기가 굳세고 복되고 힘차게 흐르는가 하면 어느 곳에서는 범람하는 시냇물과 같이 됩니다. 그리하여 기슭에 이르면 소음과 모래와 자갈이 거칠게 뒤섞인 강이 됩니다. 그러나 금방 불운한 때가 닥쳐와서 거의 마르고 자갈만 깔린 바닥을 힘없이 그리고 기진맥진해서 흐르게 되는 것입니다.

주여! 당신은 힘이 넘치고 또 비와 바람을 마음대로 지배하는 생명입니다. 우리의 생명은 무(無)인 존재이나 모든 것을 원합니다. 우리의 생명은 사랑에 넘치기는 하나 힘이 없고 또 힘은 없으나 사랑을 합니다. 과오와 진리가 엇갈리고 용기와 허탈이 엇갈립니다. 우리의 생명은 증가와 부침(浮沈)이 있고 신뢰와 불신이 뒤섞여 있어, 금세 잘 보는가 하면 금세 소경이 되고 금세 잘 듣는가 하면 금방 귀머거리가 됩니다. 나의 행동에도 신적인 것과 신적이 아닌 것이 교대해서 일어납니

다. 나는 보기 드문 자기 헌신과 자기 희생을 행동으로
표시하는가 하면 그러한 희생을 금세 무로 돌리며 결과
를 나쁘게 만드는 행동을 하게 됩니다. 그리하여 나의
헌신을 무로 돌리며 또한 그 결과를 나의 머리에 심게
됩니다. 그리하여 불행하게도 나의 머리는 물결과 같이
혼란스럽게 흔들립니다. 그리고 나는 인생의 조각배에
매달리고 나의 필생의 희망은 바다 속 깊게 빠져 들어
갑니다.

친구여! 형제들이여! 나의 인생의 조각배는 바람에
시달리면서 암초와 모래 바닥과 거친 기슭을 지나왔습
니다. 내 인생의 조각배는 수없이 폭풍에 말려 들어갔습
니다. 그리하여 가벼운 공과 같이 이 손에서 저 손으로
뛰놀게 되었습니다. 나의 인생에도 바람부는 날이 없고
햇빛과 별빛이 반짝인 날이 없지도 않았으나 실은 이것
이 나를 못 살게 한 폭풍보다 더 위험한 것이었습니다.

나의 행로는 기아와 부족과 비참과 환난으로 끝맺게
될 듯이 보이는 때가 수천 번 있었습니다. 일 년 내내
나의 학원을 보는 사람들은 그것이 곧 파탄을 일으키고
마지막 숨을 거두게 될 것이라고 믿는 것이었습니다.
나의 학원을 보는 사람마다 이와 같은 말을 했습니다.
식견이 있는 한 사람이 7년 전에 나에게 다음과 같이
말했습니다.

"이렇게 유지되는 것이 기적이오. 앞으로 일 년 더 유지되지 못할 것이오." 그리고 "이미 끝장났구나. 우리가 보기에도 이 학원은 다 되었구나. 이제 완전히 망했구나." 하고 공표하는 것이었습니다. 이런 말은 해마다 더해만 가고 달이 갈수록 새로워지는 것이었습니다.

나의 가까이에 있는 사람들은 아무도 이러한 파멸을 믿지 않았습니다. 그러나 많은 사람들은 입에서 입으로 전해지는 이러한 말을 귀담아 듣는 것이었습니다. 이런 말에 슬퍼하고 눈물짓는 사람들은 적었습니다. 우리는 그들의 잘못을 용서합니다. 물론 사태는 그들이 말한 대로였습니다. 그러나 하느님은 그것을 살려 주셨습니다. 그래서 아직도 건재합니다. 학원은 아직도 파탄에 이르지 않았습니다. 나는 아직도 파멸하지 않았습니다. 하느님이 나를 살려 주셨습니다.

나의 눈에는 모두가 기적으로 보입니다. 오늘날도 역시 물론 나는 많은 위험 속에 있습니다. 나는 이 순간까지 나의 생애의 노력 과정에서 이런 위험에 부딪쳤던 것입니다. 그러나 나는 그것을 못 본 체해 왔습니다. 그러자 위험은 사라졌습니다. 나의 생애의 모든 폭풍도 사라졌습니다. 내가 원하는 것, 내가 구하는 것, 나의 생명의 목적 그 자체인 것, 나의 노력에서 성스러우며 불변하며 영원한 것, 그것들은 나의 것이 아니고 하느님의 것이며 인류의 것입니다.

이렇게 노력하고 있는 나는 무엇이며 또 우리 모두는 무엇입니까? 단 하루밖에 살지 못하고 영원한 시간 속에 사라져 가는 무, 그것이 아닙니까. 우리들의 사업은 겉으로는 좌절된 듯이 보일지라도 하느님의 일이니 좌절된 것은 아니며, 또 이런 일이란 좌절되는 것이 아닙니다. 우리는 미련하고 어리석게도 영원한 하느님의 성벽에 뒤로부터 망치와 돌과 자갈을 던진 것밖에 안 됩니다. 하물며 우리들의 단시일의 사업이, 그것도 작은 성과밖에 이루지 못한 때에 우리는 하느님에게서 무슨 상을 받으려는 것입니까. 우리가 얻은 숭고한 의의에 대해서 우리는 다음과 같이 말할 수밖에 없습니다.

"우리는 불실한 종이올시다. 우리는 마땅히 해야 할 일도 다 못 했습니다."

친구여! 형제들이여! 물론 우리들의 사업은 우리 모두의 단결로 이룩한 사업입니다. 그렇다고 해서 다음과 같이 말해서는 절대로 안 될 것입니다. "우리들은 해야 할 일을 다했습니다."고. 적어도 나는 그렇게는 말하지 못하겠습니다. 이제 새해를 맞는 이 순간에 우리가 할 수 있는 일은 다음과 같아야 할 것입니다. "묵은 해는 가고 모든 것이 새로워졌다!"고. 그러나 이 말은 남에게 할 말이 아니며 자기 자신에게 해야 할 말입니다. 나는 이 순간 여러분 앞에서 나 자신에게 말하고 싶습니다.

"이 새해를 맞아 나는 묵은 사람을 버리고 새해와 더불어 새로운 사람이 되고 싶다."고.

친구여! 형제들이여! 우리는 전진을 못 했고 혼란 속에 있으며 스스로를 욕되게 하였습니다. 왜냐하면 우리는 옛 상태로 있고 해가 바뀌어도 옛 모습이기 때문입니다. 그리고 우리들의 약점과 과오와 격정을 그대로 새해에 가지고 들어가기 때문입니다.

친구여! 형제여! 나는 여러분 아닌 나 자신에게 다음과 같이 말하고 싶습니다. 나의 사업은 너무 오랫동안 침체한 상태에 있었고 그로 인해서 나는 오랫동안 폭풍 속에 살아왔습니다. 나는 너무 오랫동안 심연을 방황하였습니다. 왜냐하면 시간과 환경이 바뀌어 내가 모든 일에 새롭게 되어야 할 자리에서 나는 여전히 옛 인간성을 지녀 왔기 때문입니다. 이러는 동안 날이 바뀌고 주가 바뀌고 달이 바뀌고 해가 바뀌었습니다.

친구들이여! 형제들이여! 나는 나의 사업을 나 자신과는 구별합니다. 그것은 나의 손에서 무가 되었습니다. 그것은 태양인 하느님을 그늘지게 하였습니다. 그것은 구름이 되었고 그늘이 되었습니다. 그러나 태양인 하느님에겐 그늘지고 무(無)인 날을 바꾸는 것은 아주 작은 일입니다. 그것은 바다와 같고 태양과도 같은 하느님이 주관하시는 날수 위에 떨어지는 물방울과 같습니다. 이 하느님인 태양에 던지는 나의 그늘이 작고 무에 가까운 것이기는 하지만 그것은 아직도 가시지 않았습니다. 그 것은 아직 나에게는 가시지 않았습니다. 나는 하느님인 태양에 그늘을 던졌습니다. 그리고 하느님의 바다와 같 은 자비에 물방울을 뿌리고 있는 것입니다.

나는 아직 건재합니다. 나는 아직 살아 있습니다. 나 의 사업은 내 안에서 살고, 나는 나의 사업 안에서 살 고 있습니다. 다른 어느 때보다도 오늘, 나는 나의 사업 을 통해서 또 나의 사업을 위하여 살고 있음을 느낍니 다. 나의 생애를 회고하여 볼 때 그리고 생애의 사업을 회고하여 볼 때, 우리가 오늘 축하하고 있는 새 날은 중요하며 성스러운 시간입니다.

그것은 나를 드높여 주는 성스러운 시간입니다. 이 새해에 낡은 인간됨을 버리고 새로운 인간됨을 갖기로 결심합니다. 굳세고 흔들리지 않게 결심합니다. 다시는 이 결심이 사라지지 않고 더욱 힘차고 굳세고 흔들리지 않기를 원합니다. 그리하여 나의 눈이 감길 때까지 그 리고 내가 던진 모든 그늘이 걷힐 때까지 이렇게 되기 를 원합니다.

나는 이제 세상을 잊으렵니다. 그리고 역경에 처해

있지 않은 것처럼 생각하렵니다. 나의 새해의 사업에 관해서는 나 자신에게만 물어 보렵니다. 이 새해에 나의 사업을 위하여 낡은 인간됨을 버리기 위하여 나는 무엇을 해야 할까. 이 땅에서 나의 노력을 가로막고 있는 장애물을 어떻게 시시각각으로 극복할 수 있을까. 이 새해에 새로운 인간됨을 갖기 위하여 나는 무엇을 해야 하는가. 이제 지상의 생명도 얼마 남지 않은 이 마당에 나의 목적을 이루고 굳세게 하고 순수하게 하고 성스럽게 하기 위하여 무엇을 해야 할까.

나는 물어 봅니다.

"나의 생애의 목적은 원래 무엇이었느냐. 나의 마음속을 힘차게 사로잡은 것은 무엇이었느냐. 나는 왜 고된 몸으로 노력을 해야 하느냐?"고.

그럴 때면 나의 마음속 가장 깊은 곳에서 다음과 같은 대답이 나오는 것입니다.

"그것은 다름아닌 다음과 같은 욕망의 감정, 즉 인류가 감각적이고 동물적이며, 동물적인 본성으로 타락하는 것을 교육을 통해서 막고, 그들의 세속적·감각적인 생각을 우리들의 본성인 신적인 생각으로 높일 수 있게 해주자."라고.

그러나 나의 이런 노력의 과제는 꿈 속에서처럼 허황된 것인데 그것을 굳세게 잡고 그 위에 명백하게 의식했다고 느끼는 것이 아닐까. 꿈에서 깨어나 비로소 나는 스스로 물어 봅니다. 이 과제를 풀기 위하여 감히 손을 댄 너 자신은 과연 무엇이냐. 이때 나는 다음과 같이 느끼는 것입니다. 즉, 나는 마치 빛나고 아름다운 하늘과 별이 반짝이는 아름다운 저녁을 바라보고 마치 해를 머리 위에 얹을 수 있으며 달을 두 손으로 잡을 수 있으며 반짝이는 별을 머리 위에 올려놓고 튤립이나 장미로 된 화환으로 자기를 장식하려고 하는 어린이와 같다고.

번데기 한 마리가 천 갈래의 실을 뜯고 이제 자기가 좋아하는 넓은 세상에 나가는 데 걸리는 것이 하나도 없다고 생각한다면 그것은 착각이다. 그와 같이 꿈 속에서 나의 필생의 과제라고 생각했던 이 과제가 나로 인해서 풀려지고 있다고 생각하면 그것은 착각이다. 그러나 이러한 꿈을 이룩하는 데 전제가 되는 힘과 또 여러 관계를 풀지 못한 내가 어떻게 이러한 생각을 감히 하게 되었을까.

친구들이여! 형제들이여! 그것은 사랑에서 나왔습니다. 아직 미숙하지만 그 사랑은 내 마음속에서 모든 것을 소망하며 또 소원하는 모든 것을 믿습니다. 그러므로 사랑은 자기가 해야 할 일에 대하여 모든 것을 참는 것입니다. 믿음과 소망은 사랑에서 나왔습니다. 그것은 아직 어두워 세상을 바로 보지 못합니다. 자기 앞에 닥치는 일을 하느님의 일로 참되게 인식할 수 없습니다. 그러므로 자기가 알지 못하는 세상과 충돌하게 되고 그의 환경은 그를 어지럽힙니다. 이와 같이 사랑하고 또 이러한 사랑으로 그의 능력을 소모시키는 사람은 곧 가슴이 터지고 머리가 불붙는 것을 느끼게 됩니다. 그는 공상적으로 편안과 복을 소망합니다. 그러나 이러한 사람은 이 사랑마저 쉽게 잃어버리게 됩니다.

그의 목적은 가슴속에서 약동합니다. 그러나 그 목적이 우러나온 가슴의 밑바탕은 극히 눈물겨운 것입니다. 이러한 사람은 냉철하고 차분한 마음이 없이 목적에 덤빕니다. 그는 그 근원을 모를 뿐 아니라 그 타락에 대해서도 모릅니다. 그는 그의 주위 사람들과 충돌하게 되며 세상과 충돌하게 됨으로써 자기 목적에 대한 견해마저도 더욱 크게 흔들리게 되는 것입니다.

친구들이여! 형제들이여! 나의 목적은 이러한 형편으로 몇 년이나 정지 상태에 있었다는 것은 명백한 일입니다. 나의 목적은 혼란을 거듭하였고 해가 바뀌어도 여전히 옛 모습만을 지니고 있었습니다. 우리는 힘차고 새롭게 되지 못했습니다. 그리고 나는 나의 목적이 순수한 사랑으로 완전히 깨끗하게 본질적으로 돌아가지 못했습니다.

　이와 같이 돌아감으로써 나는 나의 필생의 목적을 다시 설정할 수 있고 그것을 진리로 이끌 수 있습니다. 진리만이 나를 그곳으로 이끌게 하고 목적에 따라 작으나마 나의 의무를 온전하게 파악하게 합니다. 그리고 나의 의무를 이와 같은 일 이외에서는 느끼지 못하게 하며 그것을 나의 것이 아닌 하느님의 것으로 여기게 합니다. 또 그럼으로써 나의 작은 힘을 성실하게 써서 약하고 무력하고 무의 존재인 나의 작은 힘을 하느님 일에 기여할 수 있게 합니다. 그러나 내가 의무로써 이 좁은 범위에서 노력하는 목적은 제약은 있으나 한량없이 큽니다. 우리들은 이 생도들을 지도하는 데에 극진한 어버이의 마음을 필요로 합니다. 그들을 도덕면으로, 종교면으로 지도해야 합니다. 사랑이 없는 곳에서 사랑을 주어야 하며 그 사랑을 유지하게 해야겠습니다. 그리고 이웃으로 들어오기 전에 좋은 교육을 받았던 생도들이 살았던 그들의 관계가 깨끗하게 유지되도록 힘써야 하겠습니다.

　친구여! 형제들이여! 나는 여러분의 협조와 수고와 사랑을 필요로 하고 있습니다. 가능하다면 나는 활동적이며 영향력이 많은 친구와 형제가 되어 이 생도들과 더불어 그들의 사랑을 내가 즐기고 그들의 활동적인 마음의 문을 열어 주고 싶습니다. 나는 이 말을 어느 점까지는 학원장으로서 말하는 것이 아닙니다. 나는 다만 동지와 형제로서 말하는 것입니다.

친구들이여! 형제들이여! 정신적인 면으로 보면 나의 노력의 목적은 끝없이 큰 것입니다. 그러나 나는 이와 같이 의무를 다하지 못하고 있습니다. 감사를, 깊은 감사를 나는 느낍니다. 여러분 중의 많은 사람들이 나를 도와주었고 지금 현재도 여러분 중의 많은 사람들이 나를 돕고 있습니다. 하느님이 이로 인하여 여러분께 복을 주시고 여러분의 사업을 키워 주시며 진리에서 진리로 이르게 하고 힘에서 힘으로 이르게 하여 주시기를 나는 원합니다. 여러분의 사업이 힘있게 되기를 원합니다. 그리하여 내가 바라는 이 약한 고무가 쓸모없이 되고, 여러분 스스로 사업을 힘있고 효과 있게 해나가기를 나는 원합니다. 여러분의 협력으로 이와 같이 된 것을 나는 하느님께 감사해야 할 줄로 압니다. 그러나 아직 미비하다는 것도 나는 압니다. 그러므로 나는 간구하며 쫓으며 추구해야 하겠습니다. 나는 하느님께 간구하며 신앙으로 간구합니다. 그러면 그곳에 하느님의 협조가 가까이 내려오는 것입니다. 나는 구하렵니다. 나는 매달리렵니다. 나는 하느님의 협조를 간구하렵니다. 나는 그의 도움이 필요합니다. 하느님과 동지들의 협조로 나의 목적은 이루어집니다. 그들의 협조로 나는 있는 힘을 다하여 일할 수 있습니다.

나는 매일 내 나이를 세어 봅니다. 그리고 내가 넋을 잃고 있는 것에 놀랍니다. 나는 이제 겨우 시작된 것, 반밖에 안 된 것, 내 손 안에 흩어져 있는 것을 종합하고 완성시키며 온전하게 해야 하지 않겠는가. 나의 생애의 경험은 참으로 크며, 내가 시작한 시도는 참으로 중요합니다. 그리고 내가 좀더 나은 생애를 가졌더라면 다른 사람보다 더 많이 했을 선한 일도 아직 많습니다. 특히 우리 사업을 응용하여 성스러운 가정생활의 기초를 세우고 민중의 도야를 단순화하여 직업 도야와 기능교육의 면으로 활용해야 하겠습니다.

친구들이여! 형제들이여! 이 학원과 그 방법을 응용하여 빈민을 교육시키는 것, 이것이 나의 필생의 노력의 주관점입니다. 그런데 그것은 아직도 조잡하고 완성되지 못한 채 놓여 있습니다. 나의 영혼은 이것을 성숙시키려고 갈망합니다. 기초 도야의 이념으로 얻어진 이 작은 것의 진리를 열어, 지금까지는 부자들이나 특권층에게만 주어진 것을 인류의 공유재산으로 만들고 빈민과 불행한 사람들에게 안겨 주렵니다. 그렇지 못하다면 나의 생명은 죽은 것이나 다름없습니다.

기본적인 교육기술에 대한 본질적이고 참된 사상을 소위 학자들, 즉 깊은 기술의 요구와 고도의 정신 도야를 일삼는 계급에서 빼앗아서 단순하며 말없고 가난한 민중 교사의 손에 넘기기 위하여 나는 무엇인가 공헌해야 하겠습니다. 그렇지 못하면 나의 생명은 죽은 것이나 다름없습니다. 단순한 민중의 아버지와 어머니들의 손을 복되게 하고, 그들이 순수하고 순박한 마음으로 이 이념의 참되고 올바른 방법을 스스로 터득해서 직관과 경험을 얻게 해야겠습니다. 그리고 그들이 스스로 이것을 인식하고 자유롭게 자립적으로 익히게 되도록 해야겠습니다.

친구들이여! 형제들이여! 이 일을 이루지 못한 채 나는 해를 넘기고 있습니다. 나는 늙었습니다. 나는 해야 할 일이 많습니다. 이 일을 이룩하기 전에는 죽지 못하겠습니다. 친구여! 형제여! 나는 무엇을 기다려야 하겠습니까. 내가 최후로 해야 할 이 목표를 이룩하기 전에 나는 이 해를 또 헛되게 넘겨야만 합니까. 이 해도 또한 이러한 면에서는 지난 해와 같아야만 합니까. 지난 해에는 예로부터 버리지 못했던 약점으로 낡은 것과 관계를 맺었고 생애의 목적에는 전진을 이룩하지 못하였습니다. 나는 그전에도 이렇게 지내 왔습니다.

그래서는 안 되겠습니다. 이제 새해가 왔습니다. 새해가 우리 눈앞에 있습니다. 부디 이 새해가 나의 생애의 목적에 새로운 해가 되기를 원합니다. 그리하여 전

에 없던 해가 되기를 원합니다. 새해가 왔습니다. 그리
고 우리 눈앞에 있습니다. 부디 이 새해가 나 자신을
새롭게 만들어 나의 목적에 도움이 되기를 바랍니다.

하늘에 계시면서 나를 주관하시는 주님이시여! 지금
까지 나의 목적을 이루는 데 걸림돌이 된 묵은 인간됨
을 이 해에는 버리게 하여 주시고 제반사를 당신이 지
배하여 주소서. 당신을 통하여 새롭게 되어 내가 새 인
간됨을 얻게 하소서. 그리고 나의 목적에 필요한 성스
러운 힘을 당신께서 온 누리에 내려 주소서.

친구들이여! 형제들이여! 나의 영혼은 이 목적을 이
루고자 갈구합니다. 그러나 나의 힘은 약합니다. 도덕
적·정신적·기능적 도야에 필요한, 그리고 나의 목적에
필요한 모든 일들을 나는 지금 성찰(省察)합니다. 특히
기초 도야의 신적이며 내면적인 본질의 면과 그것을 실
제로 이룩할 몇 개의 기술적인 방법을 나는 지금 정리
하여 보렵니다. 그것은 농촌의 빈민과 버림받은 사람들
에게 선사해야 할 것이 아닙니까. 그런데 바로 이때에
나이와 약점과 결점이 나를 가로막습니다. 나의 신앙은
깊이 저락하는 것 같습니다. 그러나 하느님은 나의 결
점·약점·일탈(逸脫)을 보시지 않으시고 나를 은총으로

인도하여 주셨습니다. 하느님은 내가 나의 뜻과 나의 목적에 되돌아가게 하여 주셨습니다. 나의 존재와 생명의 모든 혼란 속에서도 하느님은 지금까지 나를 힘차고 흔들리지 않게 받들어 주셨습니다. 내가 지금 그의 앞에서 소원하는 나의 서원(誓願)을 하느님은 들어주셨습니다. 그리고 나의 목적을 위하여 나를 새롭고 굳세고 흔들리지 않게 받들어 주셨습니다. 하느님이여, 나는 지금 당신 앞에 무릎을 꿇고 비나이다. 나의 서원이 이루어질 때까지 나를 도와주시옵소서. 하느님이여! 당신이 나를 도와주소서.

새해가 왔습니다. 이 해가 하느님이 나를 주관하시는 해가 되기를 원합니다. 그러면 "아직도 할 일이 남아 있나이까?" 하고 묻지 않아도 되기 때문입니다. 하느님이 나를 도우실 것입니다. 그리고 내가 못 한 일을 하느님이 해주실 것입니다. 내가 해야 할 단 하나의 것, 그리고 내가 꾸준히 해야 할 단 하나의 것, 그것은 내가 목적을 위하여 진리와 성실로 성장하는 일이며 새로운 생활을 하는 일이며, 하느님의 복을 받기에 합당하게 되는 일입니다. 그 이외의 것은 그것이 제아무리 긴요하게 보이고 인간에게 이롭게 보일지라도 그것은 나의 일이 아닙니다. 이렇게만 되면 빈민 학교를 마음에 흡족

하게 인도하기 전에 죽는다 할지라도 나는 무덤에서 기
뻐할 것이며 피안에서 흡족하게 여기게 될 것입니다.

그렇습니다. 하느님의 축복이 나에게 있고 내가 그
축복을 받기에 합당하기만 하면 나의 필생의 목적은 이
루어질 것입니다. 그리고 그것에 이르는 수단도 주어질
것입니다. 그리고 우리들의 목적을 이루게 하기 위하여
하느님이 맺어 주고 싶은 사람들을 우리들에게 맺어 주
십니다. 왜냐하면 우리들의 목적에 필요한 모든 일들은
우리들의 것이 아닌 하느님의 것이며 인류의 것임을 우
리들은 알기 때문입니다.

친구들이여! 형제들이여! 이러한 정신에서 나의 목적
은 여러분의 목적입니다. 다른 정신에서가 아닙니다.
이러한 의미에서 여러분은 하느님의 축복을 받아야 합
니다. 이러한 의미에서 나는 여러분의 사랑과 경건과
진실에서 나온 행위에 감사합니다. 여러분은 이것으로
지금까지 나의 목적을 추진시켜 주었습니다. 여러분,
나와 더불어 이 목적을 위하여 새로워집시다.

친구여! 형제여! 우리는 새 사람이 되고 하느님께 대
한 깊은 신앙을 가집시다. 이것은 특히 나에게 필요합
니다. 여러분은 이미 지니고 있기 때문에 필요하지 않
습니다. 동지들이여, 나를 보십시오. 나는 나이가 많고
힘이 허약해졌습니다. 나의 몸은 무기력하게 되고 나의

목적을 이루기 위한 능력이 부족합니다. 나의 목적은 바로 여러분의 것입니다. 나의 힘은 여러분의 힘이 사랑으로 새로워질 때 배가 됩니다. 내가 작별을 고하고 사라진다 해도 나의 힘은 여러분 안에서 살게 되기를 원합니다.

친구들이여! 형제들이여! 여러분은 나와 한 몸이 되어 우리들의 이 성스러운 목적을 위하여 우리들의 모든 힘을 새롭게 합시다. 그리고 이 학원에 있는 어린이들이여! 그대들도 이 새해와 더불어 새 생활을 해야 합니다. 그대들도 나의 필생의 사업에 필요합니다. 그대들이 유년 시절부터 일찍 하느님과 영원자 안에서 살기를 원합니다. 그리고 가난한 사람들의 괴로움과 버림받은 사람들의 슬픔, 무식한 사람들의 불행과 고아들의 궁핍을 그대들 마음속에 잘 새겨 간직하여 주기를 바랍니다. 그대들도 슬펐고 무식했고 궁핍에 떨지 않았던가. 소년 시대부터 가난한 가운데서도 하느님을 섬기도록 하여 다오. 그리고 가장 미천한 사람들을 하느님께 인도하여 그대를 형제로 섬기며 그들을 친구와 이웃으로서 섬겨 다오.

친구들이여! 형제들이여! 나는 이렇게 그대들에게 말하면서 나 자신도 나의 목적을 위하여 새롭게 되렵니다. 즉, 나는 다음과 같이 말하고 있는 것입니다. 나는 정직하고 성실하게 노력함으로써 나의 마음속과 심정을 높이며 성스럽게 순화하렵니다. 그리고 장차 해야 할 모든 선하고 의무적인 일을 저해당하지 않고 원활하게 수행하렵니다.

친구들이여! 형제들이여! 이 사명에 대하여 여러분이 다시 한 번 눈을 돌려 주기를 바랍니다. 이 사명을 통해서 모든 아름다운 것과 모든 올바른 것이 옥토를 얻어 그 위에서 싹트고 성장하고 성숙하게 됩니다. 그것은 하느님께서 우리에게 심어 주신 모든 관계를 아름답고 고상하게 하며 선하게도 하여 줍니다. 그리고 우리를 둘러싼 사람들의 순박함과 명쾌함을 인식시키며 높이 평가하며 사랑하게 하며 우리 전체를 단결시켜 줍니다. 이것, 즉 사명만이 진리와 정의에 어두운 우리 인간들이 진리와 정의를 파악하게 하여 줍니다.

이 사명은 진리의 탐구자인 우리를 진리의 아들로 이끌고 정의의 창조자로 만드는 것입니다. 그것은 우리 안에 진리와 선이 싹터 자라나게 할 뿐 아니라 그것을 모든 세상에서 구하게 하며 그것이 우리 주위에서 싹트고 자라나 결실하도록 하여 줍니다. 그리하여 우리는 진리의 아들이 되며 정의의 실천자가 되어 우리들의 주위에 있는 모든 진리를 인식하게 되고 모든 정의를 확신케 하기에 이르는 것입니다. 그리고 온 누리와 온 관계에 진리와 정의와 사랑의 왕국을 건설하는 것입니다. 또 하느님의 왕국, 모든 선과 고귀가 합쳐진 왕국, 하느님과 신적인 것, 그리고 우리들의 인간 본성 안에 있는 영원한 것이 합쳐져 이루어지는 왕국을 건설하는 것입니다.

친구여! 형제여! 이 사명을 통하여 우리들은 이 학원을 하느님의 신전으로 만들 수 있으며, 그것이 평화와 통찰과 축복으로 꽃피게 할 수 있습니다. 그러나 친구들이여! 형제들이여! 이 사명이 없으면 어떻게 되는 것일까요. 우리들 안에 하느님의 축복은 영원히 거하지 않을 것이며, 우리들 안에는 어떠한 평화도 통찰도, 순수하고 신적인 의의도 거하지 않을 것입니다. 그리고 우리들이 구하는 영원한 것과 무한한 것은 우리들 안에 굳게 머물지 않을 것입니다.

이 사명이 없으면 하느님이 우리에게 주신 모든 관계에서, 우리를 둘러싸고 있는 모든 사람들에게서 모든 것에 깃들여 있는 진리와 선과 미를 순수하고 명백하게 인식하며 평가하며 사랑하며, 그로 인하여 온 누리에 축복을 가져올 수 있는 영원히 참되고 굳건한 힘이 인류에게 부족하게 되는 것입니다. 사명이 없으면, 내면적이며 숭고한 사명이 없으면 진리와 정의에 대하여 인식이 약한 우리들은 진리와 정의를 파악할 수 없습니다. 진리의 탐구자를 진리의 아들로 만들 수도 없으며 정의의 탐구자인 우리들을 정의의 실천자로 만들 수도 없습니다. 그리고 이 복잡한 인간 관계에서 우리들은 진리의 창조자로 만들 수도 없으며 정의의 설립자·보호자로 만들 수도 없습니다. 이것이 없으면, 즉 이 내면적이며 순수한 사명이 없으면 우리들의 주위에 진리와 정의와 사랑의 왕국을 세울 수 없으며 하느님의 나라를 세울 수 없습니다.

그러나 이 사명으로, 이 성스럽고 신적인 것을 통하여 인간은 땅 위에 앉은 채 하느님의 나라를 만들 수 있으며 잃어버린 낙원을 자기 안에 재건할 수 있습니다. 이 성스러운 사명은 인류의 감각적이며 동물적인 본성에서만 나오는 것이 아닙니다. 그것은 인류의 내면적이며 신적인 것에서 나옵니다. 그것은 인류의 신적인 본성의 내면적이며 성스러운 성결에서만 나옵니다. 그것은 인류의 영원한 근원, 즉 신에서만 나옵니다. 그것은 종교에서만 나옵니다. 그것은 가장 숭고하고 가장 순결한 뜻에서의 예수 그리스도를 통해서만 주어집니다. 예수 그리스도에 대한 신앙, 그리고 예수 안에서 예수를 통하여 하느님을 섬기는 성스러운 신앙을 낳게 하는 성스러운 사랑, 이것만이 우리를 이와 같은 내면적으로 정화된 사명으로 이끌 수 있습니다. 우리가 이렇게 정화되기를 원합니다.

주여, 나는 믿나이다! 오셔서 나의 불신을 돌보아 주소서.

친구여! 형제여! 이 엄숙한 시간에 우리는 하느님 앞에서 한 몸이 됩시다. 하느님에 대한 신앙 안에서 그리고 하느님이 무소부재(無所不在)하시다는 신앙 안에서, 하느님에 대한 우리들의 사랑 안에서, 예수 그리스도에 대한 신앙 안에서, 우리들의 구원과 속죄를 맡으신 예수 그리스도의 구원과 속죄 안에서, 그리고 우리들의 생명의 목적 안에서 한 몸이 되어야 하겠습니다.

사랑하는 어린이들이여! 여러분은 나의 형제들, 즉 여러분의 교사들 사이에 서 있다. 이 새로운 해를 하느님에 대한 신앙과 예수 그리스도에 대한 사랑으로 시작하여 다오. 그리고 여러분의 구원의 바탕을 하느님의 말씀을 알고 날마다 기도함으로써 구하여 다오. 이 세상의 모든 시험을 이기고 하느님을 무서워 떨며, 큰 소리로 구원을 갈구하여야 한다. 그리고 땅 위의 온갖 공허한 것과 허무한 것을 버리고, 여러분 자신을 모든 신적인 것과 구원에 이르는 것의 원천으로 끌어올림으로써 영원한 구원을 얻어 다오.

[1817년]

해 설

김정환(金丁煥)

페스탈로치의 생애와 사상

'눈물로 씨를 뿌리는 자는 기쁨으로 단을 거두리라.' 는 말이 성경에 있다. 페스탈로치는 눈물로 씨를 뿌렸으나, 그의 생존시에 기쁨으로 단을 거두지는 못했다. 실로 그가 죽은 지 145년이 지난 오늘날에 와서야 우리는 그가 뿌린 씨의 단을 기쁨으로 거두어 들이고 있는 것이다. "벗이여, 밀 한 알을 심으면 그것은 싹터 열매를 50배, 백 배 맺어 가난한 사람들의 양식이 될 것이며, 나무 한 그루를 심으면 그 가지는 공중에 뻗어 새가 노래하며 그 그늘에서 사람들이 쉬게 될 것이다." 고 그는 되뇌이면서, 82년의 긴 생애를 바쳐 가난한 사람들의 자녀 교육에 힘썼으며, 그 실천 과정에서 '국민교육'의 이념과 이론을 탐구하여 우리에게 남겨 주었던 것이다.

일찍이 그리스 시대 이래 동서를 막론하고 교육이란 모두 지배 계급의 특권이며, 지배를 위한 수단이었다. 근세에 들어와 이러한 옛날의 교육 이념을 지양하고 국민 대중의 교육에 눈을 돌린 움직임이 두 가지 있었으니, 하나는 종교개혁의 사상에서 나오는 루터의 초등교육의 의무화의 이념이요, 또 하나는 산업혁명에서 비롯된 서민층 자제를 위한 직업교육의 이념이라 할 것이다. 이런 움직임은 실로 교육 이념에 있어서의 코페르니쿠스적인 전환이다. 이로 인하여 교육은 '위에서의 교육' 및 '겉치레의 교육'에서 '아래에서의 교육' 및 '안에서의 교육'으로 크게 전환하게 되었다. 페스탈로치는 이론과 실천을 통하여 이러한 전환을 교육학적으로 촉진시킨 사람이다.

"옥좌 위에 앉아 있으나, 초가의 그늘에 누워 있으나 본성으로 본 인간은 모두 평등하다."라고 그는 말한다. 이것이 그의 교육 철학의 핵심이다. 그에 의하면 "모든 어린이에게 하느님이 주신 성스러운 인간성의 힘이 깃들여 있다."는 것이다. 이러한 인간성의 선천적인 힘과 소질을 자연스러운 교육을 통하여 조화롭게 개발하자는 것이 그의 교육방법의 핵심이다. 그런데 그는 왜 가난한 사람들, 그 중에서도 특히 고아들을 교육시키고자 했던가? 그 이유를 그도 처음에는 잘 몰랐다. 사랑의 충동에서였다고 이 자리에서는 말해 두자. 그러기에 그는 자신의 사업을 자신의 사업으로 여기지 않고 하느님이 자기를 불러서 시키는 일로 여기고 있었다. 이러한 철저한 사명감, 아니 소명감으로써만 그는 그 파란 많은 생애를 감당할 수가 있었던 것이다.

이제 우리는 그의 생애와 사상을 간단하게 훑어보기로 하겠는데 그에 앞서 그의 생애와 업적을 압축해서 담고 있는 묘비명을 읽어 보기로 하자.

하인리히 페스탈로치 여기에 잠들다.
1746년 1월 12일 취리히에서 탄생하여
1827년 2월 17일 브르크에서 서거하다.
노이호프에서는 빈민의 구원자,
린하르트와 게르트루트에서는 민중의 목자,
슈탄스에서는 고아들의 아버지,
부르크도르프와 뮌헨부흐제에서는 초등학교의 창설자,
이페르탱에서는 인류의 교사,
인간, 그리스도, 시민,
모든 것을 남에게 바치고
자신을 위해서는 아무것도 남기지 않았다.
축복이 있을지어다.
그의 이름 위에.

요한 히인리히 페스탈로치의 조상들은 원래 이탈리아에 거주하고 있었다. 그들은 카톨릭 교회가 부패하자

신교(新敎)로 개종하여 신앙을 지키기 위하여, 16세기 중엽 이탈리아의 샤벤나 지방에서 스위스의 취리히 지방으로 이주해 왔다. 이들 일족은 처음에는 경제적으로 윤택하였으나 차츰 몰락해서, 경제적·사회적으로 별 특권이 없었던 중산층에 머물게 되었다. 페스탈로치의 할아버지는 취리히 근교에 있는 농촌의 한 작은 교회 목사였고 아버지는 안과 겸 외과의사였고, 어머니는 경제적으로 윤택한 농가 출신이었다. 페스탈로치가 부계에서나 모계에서나, 한 나라 한 민족의 가장 건실한 계층인 중견 농민 출신임은 극히 주목해야 할 사실이다. 한 나라 한 민족의 슬기로운 문화유산을 계승해 가며, 안정된 가정생활 속에서 자녀들의 교육에 힘쓰며, 또 자기네의 직업을 하늘이 정해 주신 천직으로 알고 이것을 사회봉사의 수단으로 여기는 계층은 농민 중산층이기 때문이다. 페스탈로치가 가난한 농민들의 자녀·고아들을 위하여 특히 힘쓴 것은, 실은 이들을 잘 교육시킴으로써 한 나라 한 민족의 대표적인 계층인 중산층으로 끌어올리기 위해서였다.

16세 때 그는 대학에 들어가 처음에는 목사가 되고자 신학을 공부하였으나, 나중에는 당시만 해도 후진국에 속하는 조국 스위스의 정치적 발전에 기여하기 위해 법률학을 전공하게 되었다. 그런데 바로 이 무렵 전 유

럽을 매혹시킨 루소의 ≪에밀≫과 ≪사회 계약론≫이
나와, 학생들 간에 자유주의와 자연주의의 사상이 요원
의 불길같이 퍼지게 되었다. 그러자 1762년 당국은 파
리 의회의 결의를 본받아, ≪에밀≫을 사악하고 비기독
교적인 저작이라고 유죄 선언을 하고, 루소의 저작을
모두 몰수하여 불살라 버렸다. 페스탈로치는 진보적인
학생들의 모임인 '애국단'의 일원으로서 당국의 부당한
처사에 항거하다가 체포·구금당했다. 며칠 후에 풀려나
온 그는, 대학을 버리고 농촌으로 들어가 교육을 통한
농촌 계몽사업을 하기 위하여 우선 농업기술을 배우고
자 어느 큰 농장의 견습생으로 들어간다.

　그는 농업 실습에 자신을 얻자, 어느 은행가와 합자
하여 농장을 경영하게 되었다. 이 농장에 그는 노이호
프(Neuhof)라는 이름을 붙였는데, 이것은 '새뜰'이라는
뜻이다. 그러나 농장의 경영은 몇 해 안 가서 파탄을
맞게 되었다. 그래서 그는 처자를 거느리고 막다른 골
목에 서게 되었는데, 바로 이때 생각난 것이 자신과 같
이 가난한 처지에 있는 빈곤한 농민들의 자녀를 위한
교육사업이었다. 자신이 막다른 골목에 빠지게 됨으로
써 비로소 농민에 대한 측은한 사랑이 관념이 아니고
현실로 느껴지게 되었던 것이다. 빈민을 구하겠다던 그
의 어린 시절의 꿈을 하느님은 그에게 이처럼 '고난의

섭리'를 통해서 실현시키고자 길을 예비하셨던 것이다.

페스탈로치는 바로 빈민노동학원(Armenanstalt)을 창설하여 빈민들의 자녀를 모아다가 자신의 방직공장에서 일을 시키면서 공부를 가르쳤다. 고아들 안에도 존엄한 인간성의 힘이 깃들여 있으니, 우선 그들에게 밥벌이의 기술을 마련하여 주면서, 인간성의 소질을 개발·도야시켜, 참된 사람을 만들어 주자는 것이었다. 그러나 이 사업도 오래 못 가서 문을 닫게 되었다.

이제 페스탈로치는 자기가 이루지 못한 꿈과 교육론을 서술하기 시작한다. ≪은자의 황혼(Die Abendstunde eines Einsiedlers≫(1780)과 ≪린하르트와 게르트루트(Lienhard und Gertrud)≫(1781)가 이 무렵의 대표작이다. 전자는 교육에 관한 격언집이며 후자는 가난한 한 농민의 가정이 교육을 통해서 부유해지는 과정을 그려 낸 농민 소설이다. 특히 후자는 당시의 베스트셀러가 되어 그의 이름은 일약 전 유럽에 떨치게 되었고, 각국의 계몽 군주가 교육 입국의 이념을 경청하고자 앞을 다투어 읽게 되었다.

그후 페스탈로치는 목요일마다 간행하는 교육 신문 〈스위스 주보(Ein Schweizerblatt)〉를 창간하여, 교육가의 입장으로 시사평·교육론·종교론을 썼다. 그러나 내용이 너무 딱딱하고 어려워 판매 부수가 늘지 않아 이 사업을 중지하고 다시 저작 활동에 들어간다. 이 무렵의 대표작이 ≪인류 발전에 있어서의 자연의 과정의 연구 (Nachforschungen über den Gang der Natur in der Entwicklung des Menschengeschle-chts)≫(1793) 이다. 이 저작은 그의 대표적인 교육 철학적 저작이다. 그 내용은 인간은 자연적·사회적 단계를 거쳐 도덕적 단계로 발전하며, 교육의 궁극 목적은 도덕적 인간을 만드는 데 있다는 것이다.

페스탈로치는 문필가·사상가로서의 역량을 인정받아 〈스위스 국민신문〉의 편집장 자리를 맡게 되었는데, 이 무렵의 프랑스 혁명의 정치적 격동과 전쟁으로 생긴 슈탄스 고아원의 원장으로 위촉을 받아 고기가 물을 찾듯이 교육의 마당으로 되돌아간다. 그 사랑의 교육 회고 기록이 유명한 〈슈탄스 고아원에서(Brief an seinen Freund Gessner über seinen Aufenthalt in Stans)≫(1799) 이다.

그후 그는 부르크도르프, 뮌헨부흐제, 클란디, 이페르탠에서 새로운 초등학교를 세워 명실공히 이 학교들을 국민교육의 전당으로 만들었다. 각국의 계몽 군주들은 앞을 다투어 그의 학원에 유학생들을 보냈고, 부유층들의 자녀들이 이런 학교에 많이 다니게 되었다. 역사상 최초의 조직적인 교과서가 나온 것도 그의 학원에서이며, 또 사범학교를 창설한 것도 페스탈로치였으며, 남녀공학을 실현한 것도 그의 학원에서이다. 그는 새 교육(국민 대중교육)의 이론을 실천을 통해서 탐구한 사람이다. 그의 저작은 200권에 육박하며, 전집으로 20권 가까이에 이르고 있다. 그는 모든 기회를 자신의 소신을 피력하는 데 이용하고 있으며, 이런 뜻에서 그의 ≪강연집(Rede an mein Haus)≫까지도 훌륭한 교육론이 되고 있다.

페스탈로치는 사랑의 교육 실천가로만 이해되어서는 안 된다. 위대한 교육 철학자로서 꾸준히 연구되어야 한다. 현재까지 독일에서 발표된 페스탈로치에 관한 논문은 실로 6천3백여 편에 이르고 있다.

〈 1972년 6월 〉

역자 후기

고전(古典)은 몇백 년의 시련과 경쟁을 물리치고 살아남은 인류의 귀중한 정신적 문화유산이다.

교육학서(敎育學書) 중에서 가장 고전적인 지위를 차지하고 있는 저작을 들어 보라고 한다면 역자는 플라톤의 ≪공화국≫, 루소의 ≪에밀≫, 페스탈로치의 ≪은자의 황혼≫, 프뢰벨의 ≪인간 교육≫, 듀이의 ≪민주주의와 교육≫을 서슴지 않고 들고 싶다. ≪공화국≫은 기울어 가는 조국 아테네를 철인(哲人) 교육을 통해서 구하려 했던 국가 사회주의 교육 이념의 표명이고, ≪에밀≫은 뭇 거짓된 사회 체제의 굴레에 얽매여 질식당하고 있는 인간의 천성을 자유로이 해방시켜 발로시키려 했던 자연주의 교육의 표명이며, ≪인간 교육≫은 신에 의하여 창조된 인간의 내재적 소질을 어린 시절부터의 자기활동을 통해서 발로시키려 했던 연속 발전적 교육 이념의 표명이다. 또한 ≪민주주의와 교육≫은 자신이 놓여진 생활터전의 특수성과 자신의 생활의 필요와 욕구의 충족을 중시하는 문제 해결 교육 이념의 표명이라고 나는 간추려 보고 싶다. 그러면 페스탈로치의 ≪은자의 황혼≫의 교육 이념은 무엇인가? 그것은 인간 본성의 선성(善性)·발전 가능성·평등성을 대전제로 하는 사랑의 가정 교육과 사랑의 국민 대중 교육의 이념 표명이라 할 것이다.

이렇게 고전들은 모두 교육의 본질이란 무엇인가를 끝없이 맴돌며 다듬어 가면서, 교육의 마당에서 제기되는 가장 기본적인 문제들에 대하여 원리적인 방향을 제시해 주고 있다. 그러므로 우리는 현실 교육의 마당에서 당면하고 있는 문제를 푸는 실마리를 고전에서 찾을 수가 있는 것이다. '고전은 영원히 새롭다'는 말은 이것을 뜻한다. 고전이 소홀히 다루어지는 곳에서 학문이 발달할 수 없고, 한 민족의 고전이 업신여겨지는 곳에서 민족의 전통과 문화는 계승될 수 없다. 학생 시대에는 잡지와 잡서를 읽지 말고 한 권이라도 좋으니 고전을 읽어라, 한 줄이라도 좋으니 옛사람의 말을 음미하라, 하시던 옛 스승들의 말씀이 새삼 새로워진다.

이 책은 〈은자의 황혼〉과 그의 2백 편에 가까운 저작 중에서 비교적 읽기 쉽고 따라서 많이 읽혀지고 있는 몇 개의 소품(小品)들을 골라 우리 말로 옮긴 것이다. 이번에 절실히 느낀 것은 고전의 번역은 참으로 어렵다는 사실이다. 페스탈로치의 경우는 더욱 그렇다. 페스탈로치 자신이 악문가(惡文家)이기 때문이다. 그의 글

솜씨는 나쁘지만, 그러나 그것이 우리에게 호소하는 힘은 굉장히 강하다는 것을 독자들은 직접 읽어 보고 느끼리라 믿는다. 원문의 줄기를 손상시키지 않으면서 어떻게 그 뜻을 쉬운 우리 말로 옮기느냐. 이것은 참으로 어려운 일이었다. 이번의 이 악역(惡譯)을 이런 점으로 널리 관서해 주기를 바라고 싶다. 사실 페스탈로치의 원문을 읽어 보지 못한 사람은 이런 고충을 이해하지 못할 것이기에 이런 변명 자체가 필요없는 일이기는 하지만……

이 작은 글들이 계기가 되어 페스탈로치를 좀더 깊고 넓게 읽어 보고 연구하고자 하는 교사와 학생들이 많이 나오게 되고, 그럼으로써 우리 선인들의 교육 구국(敎育救國)의 염원이 다져지기를 간절히 빌어 마지않는다.

끝으로 우리 나라에 페스탈로치 연구의 터전을 닦으신 왕학수(王學洙) 교수님, 고(故) 외솔 최현배 교수님에게 깊은 감사를 드린다.

안암골 교육학 연구실에서
옮긴이

옮긴이 약력

신호(神戶)대학 교육학부 졸업
광도(廣島)대학 대학원 교육학부 수사(修士)과정 수료
동 대학원 박사과정 졸업(교육학 박사)
고려대학교 문과대학 교수

주요 논문 및 역서
〈페스탈로치교육학 체계에 있어서의 수학교육의 이념〉
　　(교육학 박사 학위 논문)
≪페스탈로치의 교육 철학과 교육 방법론 연구≫
　　(고려대학교 문과대학 논문집)
≪페스탈로치 저작집≫

은자의 황혼 〈서문문고 33〉

개정판 발행 / 1996년 3월 25일
개정판 4쇄 / 2017년 7월 31일
글쓴이 / 페스탈로치
옮긴이 / 김 정 환
펴낸이 / 최 석 로
펴낸곳 / 서 문 당
주소 / 경기도 일산 서구 가좌동 630
전화 / 031-923-8258　팩스 / 031-923-8259
창업일자 / 1968.12.24
창업등록 / 1968.12.26 No.가2367
등록번호 / 제406-313-2001-000005호
ISBN 978-89-7243-233-3

초판 발행 : 1972년 6월 25일 ＊ 잘못된 책은 바꾸어 드립니다

서문문고 목록

001~303
◆ 번호 1의 단위는 국학
◆ 번호 홀수는 명저
◆ 번호 짝수는 문학